互联网+农业图书馆的未来发展趋势
新环境、新业态和新模式

唐 研 著

中国农业科学技术出版社

图书在版编目（CIP）数据

互联网+农业图书馆的未来发展趋势：新环境、新业态和新模式/唐研著. --北京：中国农业科学技术出版社，2021.12
ISBN 978-7-5116-5627-8

Ⅰ.①互… Ⅱ.①唐… Ⅲ.①农业—专业图书馆—图书馆发展—研究 Ⅳ.①G258.5

中国版本图书馆CIP数据核字（2021）第263526号

责任编辑　白姗姗
责任校对　贾海霞
责任印制　姜义伟　王思文

出 版 者	中国农业科学技术出版社
	北京市中关村南大街12号　邮编：100081
电　　话	（010）82106638（编辑室）　　（010）82109704（发行部）
	（010）82109709（读者服务部）
传　　真	（010）82106638
网　　址	http://www.castp.cn
经 销 者	各地新华书店
印 刷 者	北京建宏印刷有限公司
开　　本	170 mm×240 mm　1/16
印　　张	9.25
字　　数	160千字
版　　次	2021年12月第1版　2021年12月第1次印刷
定　　价	48.00元

◄———— 版权所有·侵权必究 ————►

前言

在2015年政府工作报告"新兴产业和新兴业态是竞争高地"部分提到:"制定'互联网+'行动计划,推动移动互联网、云计算、大数据、物联网等与现代制造业结合,促进电子商务、工业互联网和互联网金融健康发展,引导互联网企业拓展国际市场。"2019年政府工作报告中明确提出"深化大数据、人工智能等研发应用,培育新一代信息技术、高端装备、生物医药、新能源汽车、新材料等新兴产业集群,壮大数字经济。加快在各行业各领域推进'互联网+'"。"互联网+"这个行业词汇首次出现在政府工作报告中,意味着"互联网+"开始成为国家经济社会发展的重要战略。互联网不再仅仅是技术、工具和渠道,它将对我国社会、经济、文化、环境、资源和基础设施等方面产生深远影响,也将成为引领创新驱动发展的"新常态"。

当前各行各业都在借助互联网进行升级改造,或主动迎击,或被动跟随。有个段子曾经很流行:"百度干了广告的事,淘宝干了超市的事,阿里巴巴干了批发市场的事,微博干了媒体的事,微信干了通信的事,不是外行干掉内行,是趋势干掉规模!"图书馆行业也不例外。传统图书馆工作两大重点——读者服务和藏书建设,一个针对人,一个针对书,熟悉、了解、热爱这两方面,就一定能做好图书馆工作,"读者至上、服务至上"一度成为图书馆工作的宣传口号。但是随着电子资源的异军突起,电子数据库建设与运营成了图书馆工作的重点,但经费却成了一个永远绕不过去的难题。一台联网的电脑就是一个图书馆,而实体图书馆的读者门可罗雀。"人"和"书"的工作重点变成了"钱"和"资源"的工作难点。"互联网+"时代的到来,让"有限资源,无限服务"变得不再遥远,在这种环境下,图书馆尤其是农业图书馆,如何向前发展?

笔者在承担中国农业科学院农业信息研究所"农业科学数据共享服务"、中国工程院农业专业知识服务系统"农业资源共建与院士专题服务"、山东省农业科学院创新工程"农业科技信息与知识服务平台"等课题项目以及中国农业科学院农业信息研究所"农业科技文献信息资源共建共享平台——山东省分中心"建设任务、山东省农业科学院机构知识库建设任务的过程中，接触了各类图书馆以及农业科技信息工作者，深深理解基层农业图书馆建设的种种困难之处。一边摸索和总结基层农业图书馆建设的发展脉络，一边探索"互联网+"环境下农业图书馆的重生之路。展望未来农业，中国农业转型升级将明显加快，农业高质量发展取得显著成效，农业现代化水平稳步提升。那么农业图书馆行业，也应该有一个较大提升，在新环境下形成新的工作业态，在"资源数字化、信息网络化、服务特色化"的大背景下，资源共建共享、区域联盟、远程服务、个性化精准化服务成为图书馆工作的突破口，继而形成成熟稳定可供推广的新模式，为我国农业发展做出农业图书馆应有的贡献。

专论农业图书馆的业务书籍不多，笔者在写作过程中参阅了大量的文献资料，也总结了自己20多年的从业经验。本书出版得到了中国农业科学院农业信息研究所"农业科学数据共享服务"课题、山东省农业科学院创新工程"农业科技信息与知识服务平台"课题的资助，在这里表示感谢。同时，本书的出版也得到了笔者单位及多方同事的支持。感谢山东省农业科学院科技信息研究所的领导和同事们给予的支持和帮助，感谢中国农业科学院农业信息研究所的领导和专家们给予的支持和帮助，感谢中国农业科学技术出版社的领导和编辑的鼓励与支持，在此致以深深的谢意！

限于笔者的知识水平，加上图书馆学源远流长、信息技术日新月异，本书还存在一些不足之处，诚恳同行专家和读者批评指正，以利今后予以完善。

唐 研

2021年7月

目录

第一章 绪论 ... 1
第一节 图书馆的内涵、类型与价值 ... 1
第二节 农业图书馆的内涵、特点与职能 ... 5
第三节 农业图书馆典型案例 ... 11
参考文献 ... 16

第二章 "互联网+"的新环境 ... 18
第一节 "互联网+"的内涵 ... 18
第二节 "互联网+"的时代特征 ... 21
第三节 "互联网+"的技术发展背景 ... 22
第四节 "互联网+"的时代新业态 ... 26
第五节 "互联网+"农业图书馆的新内涵 ... 34
参考文献 ... 36

第三章 "互联网+"时代用户需求的转变 ... 38
第一节 农业图书馆用户需求分析 ... 38
第二节 农业图书馆用户信息需求的特征属性 ... 39
第三节 农业图书馆用户需求的变化分析 ... 42
第四节 农业图书馆服务提升策略 ... 45
参考文献 ... 48

第四章 "互联网+"农业图书馆新业态 ... 50
第一节 农业图书馆新业态的催生因素 ... 51
第二节 新业态下信息加工方式的变革 ... 52
第三节 新业态下服务方式的变革 ... 56
第四节 新业态下组织结构的变革 ... 58
第五节 新业态发展中面临的问题与挑战 ... 59
参考文献 ... 62

第五章 农业图书馆新业态的表现形式 ... 64

第一节　数字图书馆 …… 64
第二节　智慧图书馆 …… 68
第三节　虚拟现实图书馆 …… 72
第四节　云图书馆 …… 76
第五节　信息共享空间 …… 79
第六节　创客空间 …… 83
第七节　真人图书馆 …… 85
第八节　农家书屋 …… 88
参考文献 …… 91

第六章　"互联网+"农业图书馆的新模式 …… 94
第一节　农业图书馆管理模式的变革 …… 94
第二节　农业图书馆服务模式的变革 …… 96
第三节　农业图书馆运营模式的变革 …… 98
第四节　"互联网+"农业图书馆新模式的实践 …… 101
第五节　"互联网+"农业图书馆新模式发展思考 …… 105
参考文献 …… 107

第七章　山东省农业科学院图书馆发展 …… 110
第一节　图书馆发展历史沿革 …… 111
第二节　"互联网+"时代的转型 …… 113
第三节　数字资源建设与利用情况 …… 115
第四节　新业务模式的开展 …… 117
第五节　未来发展设想 …… 122

第八章　农业图书馆未来发展思考与展望 …… 125
第一节　以战略规划引领图书馆发展方向 …… 126
第二节　以智库属性支撑科学决策与科技创新 …… 129
第三节　以资源建设为核心完善保障体系 …… 131
第四节　以用户需求为导向提升服务效能 …… 134
第五节　以新型人才队伍为抓手促进可持续发展 …… 136
参考文献 …… 139

第一章 绪 论

第一节 图书馆的内涵、类型与价值

一、图书馆的内涵

什么是图书馆？简单说，"图书馆即借阅书籍的地方"。不同时期的图书馆所处环境、发展程度有所不同，造成了各时期人们对图书馆的认知也不尽相同，只有理性地、历史地把握图书馆的概念，才能真正地认识图书馆。

对于"什么是图书馆"，近现代的观点大致有这样一些，择其代表性列举如下。

美国图书馆学家巴特勒认为："图书馆是将人类记忆的东西移植于现在人们的意识之中的一个社会装置"，从哲学和心理学视角揭示了图书馆的两层内涵：图书馆是一个社会装置；图书馆的功能是移植入人类的记忆。美国图书馆学家谢拉认为："图书馆是一个整体，它用书面记录的形式积累知识，并通过馆员将知识传递给团体和个人，图书馆员的工作目的在于为人类的利益，最大限度地提高人类各种文字资料的社会利用率"，这种观点基于"社会认识论"思想，从图书馆与知识之间的联系角度来认识图书馆。德国图书学家卡尔施泰特认为："图书馆是客观精神的容器，是把客观精神传递给个人的场所"，在这种内涵中，图书馆就是创造和继承文化的社会机构，在人类文化的创造和继承中，图书馆的作用是其中的"纽带"。印度图书馆学家阮冈纳赞提出图书馆学五定律："书是为了用的、每个读者有其书、每本书有其读者、节省读者的时间、图书馆是一个生长着的有机体"，总结了图书馆工作的基本规律，指出图书馆工作的重要原则与规范，为图书馆工作指明了前进路径，虽然问世已半个世纪，但它依旧是图书馆员永恒的理念，在今天仍有其现实意义。

胡述兆教授在其论著《图书馆学导论》中对图书馆的定义与职能做了充分论述，指出："图书馆是人类智慧的总汇，是用科学方法采访、整理、保存各种印刷的与非印刷的资料，以便读者利用的机构"。吴慰慈等在《图书馆学概论》中提出："图书馆是搜集、整理、保管和利用书刊资料，为一定社会的政治、经济服务的文化教育机构"，这个定义对图书馆的工作程序、工作对象、活动目的和性质进行了概括。黄宗忠认为："图书馆是通过人工或计算机、网络对实体或虚拟的信息、知识进行收集、积聚、组织、整理、存储、选择、控制、转化、传播并建立检索点，供作者检索、利用的信息空间或物理场所或虚实结合的复合体"，这一观点较早地涉及了图书馆新业态。根据《中国百科大辞典》定义，图书馆是搜集、整理、保藏和传递知识文献信息的一种社会文化教育机构。中国古代将图书馆称为"藏书室""藏书楼"，清末称之为"图书馆"。

随着社会经济的发展和信息技术的进步，图书馆的内涵也有了新的特质，但无论图书馆形态如何发展变迁，都承担着信息存储、整序、传递乃至增值服务的职能。总体来看，图书馆是系统化搜集、整理、保存、传播和利用书刊资料，为一定社会政治、经济和文化服务的科学、教育、文化机构，是数据、信息、知识的记忆装置和扩散装置。随着技术发展与时代演变，图书馆在未来可能不会以一种当下认知的实体形态存在，但是只要存在一种充当社会数据、信息、知识的记忆、扩散装置的机制，就可以将其视作传统图书馆的未来形态。

二、图书馆的类型

1974 年国际标准化组织颁布的 ISO 2784—1974（E）"国际图书馆统计标准"中，"图书馆的分类"一章将图书馆类型划分为：国家图书馆、高等院校图书馆、其他主要的非专门图书馆、学校图书馆、专门图书馆和公共图书馆六大类。

在国外，图书馆一般有公共图书馆、高校（大学）图书馆、研究型图书馆及社区图书馆等类型。公共图书馆服务于社会大众，为公众提供由始至终的信息服务，服务对象包括儿童、青少年、成年人等；高校（大学）图书馆是学校体系的一部分，主要面向学校师生提供服务；研究型图书馆一般隶属于大型的研究机构，具有很强的专业性，如专门的法律图书馆、医学图书馆、农学图书馆等；社区图书馆主要面向不同类型的社区提供服务，规模一般较小。

在我国，图书馆按照主管部门不同，划分成不同类型，如国家图书馆、公共图书馆、学校图书馆、专业图书馆等，另外，还有面向特定人群的特殊图书馆。其中，公共图书馆（如各省市、自治区及社区图书馆）、专业图书馆（如医疗机构图书馆、农业图书馆等）、高等院校图书馆（如各高校图书馆）是图书馆的主要组成部分。具体而言，我国的图书馆可被划分为以下类型。

一是隶属于文化系统的公共图书馆，包括国家、省、市、自治区、区县图书馆等。

二是隶属于教育系统的学校图书馆，包括高等院校、专科及高职院校、中小学图书馆等。

三是隶属于科学院系统的科研机构图书馆，包括科学院及其分院、各部委所属研究机构的专业图书馆等。

四是隶属于工会系统的工会图书馆，包括机关团体所属工会图书馆、企业所属图书馆等。

三、图书馆的价值

图书馆的价值是图书馆职能的内在表现，所以对图书馆价值的历史回顾就是对图书馆社会职能的历史回顾。我国图书馆的发展历程大致可分3个时期：古代图书馆、近代图书馆和现代图书馆。从殷商时代至清朝末期是我国图书馆发展的古代时期。我国古代图书馆，又称藏书楼，主要职能是收集、保存、传递文化典籍。20世纪初至40年代末，是我国图书馆的近代时期。到近代社会，人们开始重视图书馆的教育职能。1949年中华人民共和国的成立，为我国图书馆的发展提供了新的发展道路，图书馆进入现代时期。这一时期图书馆将服务重心从书本位转移到人本位，集中更多力量到服务上来。这3个时期的图书馆价值不是相互独立、相互排斥的。由此看出，图书馆的职能是在不断变化的，是随着社会的发展而不断深化的，那么相应地对图书馆的价值认识，也要随之变化。

（一）信息资源价值

信息资源是图书馆最重要的资源，而图书是信息资源的重要载体。图书馆有图书才有馆，无图书不能称之为图书馆。中国图书馆事业与发达国家相比仍有一定距离，中国人年均图书拥有量和阅读量比例偏低，离图书馆零增长理论发展模式还有距离。进入现代化社会，图书馆不再只是收藏印刷书籍的藏书室，而是一个内容丰富的信息资源中心，通过对文献信息资源的加工整理、科学分析、综合指引，形成有秩序、有规律、源源不断的信息流，促进广泛交流和信息传递。

（二）空间资源价值

空间资源是图书馆不可缺少的重要资源，主要目的是"为市民打造城市第三空间"，这个观点来自上海图书馆馆长吴建中博士，意在为社会公众提供更高质量的生活。程焕文教授在《图书馆的价值与使命》一文中提到这样的观点："没有图书馆，民众照样可以幸福地生活；有了图书馆，民众可以生活得更幸福。"满足人民群众高品质精神生活需求，图书馆并不是民众的必需品，但图书馆可以提供高品质的精神产品。因此，从图书馆的价值来看，图书馆的空间资源非常重要。

（三）文化资源价值

文化资源是图书馆的重要资源。图书馆作为保护和传播各民族文化财富的机构而存在，保护人类文化典籍是图书馆最基本的职能。一个好的图书馆一定是一个有文化有温度的图书馆，从藏书到建筑再到服务，图书馆是天生的文化资源聚集地，是信息交流中心，能够充分彰显一个民族、一个国家的文化自觉与文化自信。

（四）文化遗产价值

图书馆中的物质文化遗产在馆藏与馆舍两方面都有所体现。图书馆所容纳"文化"的具体形态是图书典籍，是人类智慧的结晶，毫无疑问属于文化遗产。至于物质遗产，古代藏书楼如嘉业堂藏书楼、天一阁，近代图书楼如和顺图书馆、北京大学图书馆、清华大学图书馆、武汉大学图书馆等均已列入全国重点文物保护单位。图书馆不单单是传统印象中关注非物质文化遗产的保护机构，更是完整意义上的文化遗产。图书馆作为文化遗产的重要意义，在于图书馆彰显了一所大学、一座城市、一个地区乃至一个国家的历史底蕴和文化特点，是"精神旗帜"。

（五）社会教育价值

长期以来图书馆承担着社会教育职能，是继续教育或者终身教育的实践基地。图书馆是开放的社会大学，通过提供文献阅读、知识服务、文化展示等，向读者提供健康有益的精神食粮，为社会提供完备的资源、场地等学习条件，使读者可以长时间的、自由的利用图书馆进行学习。除此之外，图书馆还是社会文化的活动中心，在文化传播、精神文明建设、丰富大众业余生活、提高生活质量等方面具有重要的不可替代的作用。

人类文明史上,科学技术的每一次变革与飞跃,无不引发图书馆事业的历史性巨变和进步。图书馆作为人类文明的宝库也无时无刻不在反映社会的发展和历史的变迁。当今时代,信息技术迅速的发展促使人类社会迈进信息时代,生活各个方面都打上"信息化、智能化"的印记。信息时代的特征与图书馆的职能不谋而合,其以现代信息技术为手段、以信息经济为基础、以信息资源的有效开发利用为核心、以信息文明建设为历史任务,最终目标是实现人类社会各领域、各方面的协调发展和人类社会的整体进步,进而实现人类社会可持续发展和人类最高社会理想的新时代。图书馆作为一门信息科学,在信息时代扮演着重要角色,是解决信息社会所出现问题的核心角色。

图书馆是一种为社会和个人营造积极的社会经济环境、实现公共价值的组织。为适应不断变化的时代需求,图书馆作为文化创新的主体,应认真思考图书馆的服务目的,为社会和个人创造可持续的价值。图书馆提高人类素质的这一社会职能,是当代图书馆的真正价值所在,也是未来图书馆价值的蓝图。

第二节 农业图书馆的内涵、特点与职能

一、农业图书馆的内涵

农业图书馆是搜集、组织、管理、收藏和保护农业信息,为与农业相关的生产和教学科研工作提供高质量信息服务的机构,承担着农业信息资源管理领导者的职能。农业图书馆是一个富有浓厚农业特色的信息资源体系,是农业信息资源的中心,在推动农业信息化建设、促进农业经济发展、提升农民信息素养等方面发挥着举足轻重的作用。农业图书馆主要收藏农业图书、农业期刊及农业音像制品,服务对象包括农业科研工作者、农业专业相关学生、政府机关农业管理人员、种植户、养殖户及广大农民朋友,所以农业图书馆在服务"三农"中的作用和地位非常重要。如何适应新形势,加强管理,提高服务"三农"的水平,是农业图书馆的重要使命。

我国的农业图书馆主要分为农业高校(大学)图书馆和农业科研机构图书馆。馆藏规模大小和资源丰富程度与图书馆的级别呈正比,其中规模最大、馆藏资源最丰富的当属国家农业图书馆。国家农业图书馆拥有最丰

富的农业科技文献信息资源,是中国农业科学的数据中心,而其他各级各类农业图书馆的馆藏资源也各具特色,在职能上承担着我国农业科技发展的加油站和助力器的作用。

随着"互联网+"的广泛普及,农业各类生产数据采集和自动获取使得各类科研大数据数量不断积累扩大、规模种类日益细致和丰富,数据开放共享逐渐成为趋势,图书馆馆藏资源获取率大幅提高,资源共建共享化程度也越来越高。面对新形势下的挑战与机遇,农业图书馆充分依托"互联网+"技术,挖掘潜力,内引外联,整合数字资源,提高平台服务能力,助力我国农业科研、生产和经济建设高速发展。

二、农业图书馆的特点

信息技术的发展推动图书馆现代化发展水平,资源服务与建设呈现出诸多现代化特征,表现在文献资源多元化、共享化;技术自动化、网络化、数字化;信息服务深层化、广泛化、个性化;建筑模数化、智能化、多功能化;管理人员专业化;管理手段人性化;图书馆联盟化、国际化、本土化以及移动数字图书馆趋势化等。现代图书馆的职能也在逐步扩大,在指导着社会实践的同时对社会发展起着承前启后的重要作用,也促进了现代化发展和社会文明繁荣。简言之,古代图书馆是农业文明的产物,文献流通不便、交流相对封闭,以"藏"为主;近代图书馆则是工业文明的产物,文献藏用并重,以"用"为主;现代图书馆是信息时代的产物,由文献收集、整理、利用的封闭系统演进到以文献传递为主、全面开放的信息系统。

农业图书馆从分类上属于专业图书馆,以农业高校图书馆或农业科研机构图书馆为主要类别,在兼具公共图书馆和高校图书馆特征的同时,也有自身特色,主要表现为以下几点。

(一)服务对象的特殊性

农业图书馆的读者大体上可分为农业院校师生、农业科研管理人员、农业科研人员、农业技术推广人员、乡镇企业人员、农村专业户及农民等。对于农业院校师生,他们大多从事科研与教学或学习,需要的是与教学和科研相关的农业教材、农业期刊、农业报纸等基础研究读物;对于农业科研管理人员,他们需要的是有关农业科研生产水平、研究动态、研究进展等方面的综述信息以及相关方针、政策、管理方法的资料;对于农业科研人员,他们一般工作在科研一线,学术水平很高,需要基础理论方面的资料，也需要了解本专业、本领域发展水平和最新研究动态，需要内部期刊、会议文献及正式出版物以及重视利用外文资源；对于农业技术推广人员，他们承担着新成果、新品种、新技术的推广任务，需要不断学习和掌握最新的科学技术与生产技巧，因此他们所需文献资料具有广泛性、时效性和适用性；对于乡镇企业人员、农村专业户及农民，他们一般从事具体技术的应用工作，需要广泛性、适用性、普遍性、易懂性的科普读物。

（二）服务内容的特殊性

农业图书馆的馆藏资源与一般图书馆类似，以纸质文献资源和电子文献资源为主，但馆藏多为农业专题范畴。纸质文献资源包括各类农业中外文期刊及图书资源，电子文献资源主要包括国内外各类农业科技文献数据库、农牧渔业科技成果数据库、馆藏文献目录数据库以及与国家农业图书馆对接的世界各国农业发展动态数据库、我国县级农业经济基础数据库等。在农业科技信息网络化、数字化的趋势下，农业科研人员查询、获取文献信息的主要方式是电子文献资源。近几年农业科研事业发展迅速，越来越多的高层次人才投身农业科研，图书馆读者层次提高、需求增多，对高、精、尖信息的需求量增加，对外文期刊、高水平数据库需求量增加。另外随着科学技术的发展和进步，促使农业科学研究从单一学科、单一领域向多学科、多领域综合研究发展，在这种形势下，科研人员不仅需要本专业的信息知识，也需要跨学科、交叉学科的信息知识，既需要研究方面的信息，也需要农业经济信息、市场信息、发展战略及相关政策信息。农技推广与开发人员尤其需要各类来自生产一线的农业技术及市场供求信息。因此，农业图书馆读者对信息需求向综合性、全产业链发展，需要信息的面更宽广，这就为馆员的图书采访工作提出了新的要求。

（三）服务方式的特殊性

互联网时代，图书馆多通过创新服务方式来提高服务水平，如远程访问、原文传递、设立24小时自助图书馆、建设智能化图书馆、开展快递送书上门服务等，有效地打破了时间、空间和人力资源的限制，利用虚拟的网络传递为读者借阅提供了方便。对于农业图书馆来说，也要及时创新服务手段、拓展服务功能，构建符合时代发展、满足读者需求的专业化、个性化、网络化的全方位服务方式。例如，受农业生产季节性影响，农业图书馆的读者多是春夏秋三季忙于在田间调研、在实验室做试验等，尤其是"五一""十一"节假日前后，没有时间来馆查阅，只有在冬季田间试验结束后，进行课题总结或制定下年度试验计划时，才有较多时间来馆查阅文献资料。因此，农业图书馆在举办读者活动或举办新书发布会或数据库推介宣传时，应选择恰当的时间节点进行，以更好贴合读者需求。或者根据节气和农时开展"短、平"的针对性强的推介活动，便于读者参加。

三、农业图书馆的职能

从广义来讲，图书馆一般具备文献保障、精神文明建设、社会服务、理论研究等基本职能。对于农业图书馆而言，应从实际出发，创立自己的馆藏特色以及服务特色，直面"互联网+"时代的机遇和挑战，在实现面向农业主战场的主要职能基础上，努力拓展面向农民农村的服务职能。农业图书馆的职能体现在以下几个方面。

（一）文献保障职能

立足农业特色，做好科技文献保障职能。文献保障的定义是一定范围内图书馆及其他文献信息（情报）机构对文献资源进行有计划的积累和合理布局，以满足、保障社会发展和国家建设需要的全部活动。在文献资源建设方面，既要从本单位实际出发，把有限的资金放在重点急需文献的购买上；又要建立文献资源联合采购协调机制，在区域内或行业内实现资源共建共享和文献快速传递，建立本单位的文献保障体系。

（二）精神文明建设职能

文化建设与精神文明建设，是图书馆人义不容辞的职责。图书馆应积极承担本单位文化建设的职能，培养全民阅读的良好氛围，提升单位人员对阅读的兴趣，培养阅读习惯。第十七次全国国民阅读调查显示，2019年我国成年国民人均每天读纸质书不到20分钟。该调查发现，2019年，我国成年国民人均每天读纸质书时间为19.69分钟，比2018年减少了0.12分钟。仅有超一成（12.1%）的国民平均每天阅读1小时以上图书。从成年国民对各类出版物阅读量来看，2019年我国成年国民人均纸质图书阅读量为4.65本，略低于2018年的4.67本，只有11.1%的国民年均阅读10本及以上纸质图书。因此，在任何时候，图书馆都应该积极承担文化建设职能，发挥精神文明宣传阵地作用，开展各类活动，丰富公众的业余生活，提升公众的整体文化修养和信息素养。

（三）社会服务职能

农业图书馆一方面服务于本单位学科建设，积极开展各类文献检索培训、文献传递、学科分析等知识服务；另一方面还要为社会提供信息咨询服务。有条件的机构可以对外开放，为社会人士提供信息咨询、文献查询等服务，如果图书馆无法实现对外开放，应积极通过网络、电话、电子邮件等方式传递信息，达到咨询服务的效果。尤其是在"互联网+"时代，资源远程传递与在线视频培训已成为文化信息传播的重要渠道，借助互联网这个新媒介，信息传播的速度和广度都得到大大提升，受众的覆盖面也更加广泛。

（四）理论研究职能

"互联网+"时代，全球范围内各行各业都受到冲击，图书馆也面临着历史上最深刻的改革与转型。二八定律、文献老化理论和藏书成本理论解释了图书馆储存的重要性，信息资源有用论、零增长理论和长尾理论解释了图书馆运行体系中的机制原理，图书馆学五定律和使用与满足理论决定了图书馆必须重视文献利用服务和读者满意度以体现其存在价值，拥有与获取理论为图书馆解决空间问题和文献获取问题发挥了作用。在此条件下，农业图书馆学的理论建设任务还非常艰巨，要求同存异，开拓创新，反思过去，展望未来，用实践唯物主义的认识论原理建构现代农业图书馆学理论。

（五）面向农民农村的服务职能

1. 围绕乡村振兴战略开展科技下乡服务

实施乡村振兴战略，是中共十九大作出的重大决策部署，是决战全面建成小康社会、全面建设社会主义现代化国家的重大历史任务，是新时代"三农"工作的总抓手。农业图书馆积极围绕"乡村振兴"这一主题开展科技服务，利用馆藏优势编制农业科技文献中种植、养殖业方面的二次文献、三次文献等，免费赠送到农民手中；针对不同地区、不同时节的农业生产问题举办农业技术专题讲座或培训班；邀请本地区的农业、畜牧业、林业系统的专家学者，利用图书馆农业特色书籍或合作编制教材进行技术培训或现场指导；尤其是讲解农作物预防病虫害知识、果树树形修剪与栽培技巧、畜牧病害防治等知识，不仅效果好、见效快，还可以引发农民朋友的学习热情。另外，可以结合本地区的自然环境举办科学知识讲座，结合农业税收减免、政府补贴等进行政策宣传，实现图书馆在农村的知识教育传播职能，提高农民的文化素质。

2. 利用现代信息网络为新农村建设搭建文化服务平台

"全国文化信息资源共享工程"（以下简称"共享工程"）是以图书馆

为主体实施的一项文化建设工程，是一项紧密依托数字图书馆集通信、网络、计算机、数字化等多种技术手段和研究成果为一体的系统工程。21世纪，知识信息高度社会化、网络化，每一个村落都与世界大环境密切相连，人们通过计算机、网络、通讯等手段进行交流、互动。新农村文化建设工作中，要建立以省、市级公共图书馆为中心，以乡、镇图书室为分点，以村级图书室、文化站为基点的三点一线的公共服务网络。农民朋友可以通过搜索引擎访问"共享工程"信息库，农业、林业、畜牧业栽培技术，中外经典文库和优秀影视作品等，海量信息能为农民朋友输送高层次、高水平的精神文化产品。通过对"共享工程"的利用，学习实用技术，解决疑难问题，了解新信息，丰富娱乐生活，使每个农民都能享受到最便捷、最高效、最庞大的图书馆服务。

3. 举办专业技术培训班，为基层图书室培养人才

通过新农村文化建设活动的开展，农村基层图书室的硬件设施得到一定的改善，但是仍存在运转不畅、管理不到位的问题，图书利用未能达到预期效果，这和图书室管理人员工作质量、工作效率有很大关系。"新农村书屋"等农村文化建设对书屋管理有明确规定，要求按照图书馆馆藏对各种图书进行统一编目和配备。农业图书馆工作人员在这方面有一定优势，要发挥所长，积极参与培训工作，指导当地的农村基层图书室管理人员提高专业技能和服务水平。

4. 协助、指导农村图书室、文化站建设，提高农民文化素质，实现农业图书馆的社会职能

目前我国绝大部分村镇都建起了图书室、文化站，但并没有完全发挥它应有的作用。图书室、文化站设备缺乏专人管理，利用率低，管理人员往往是乡、村干部兼职，没有精力管理图书室、文化站的事务。即使有时间，由于缺乏专业知识，对图书采访、分类、编目、排架、图书管理、图书借阅等工作环节不了解或一知半解，无法胜任，以致乡、村图书室和文化站形同虚设。硬件方面，国家在远程教育、文化信息资源共建共享工程建设项目中有免费赠送的计算机、数字接收设备、数字放映设备等，因为管理人员不懂操作，无心管理，使之成了摆设，造成国家资源浪费。

农业图书馆应该在社会主义新农村建设中发挥更大作用。作为图书馆人，要具备社会公益心，积极协助、指导农村图书室、文化站建设，教

会使用现代数字设备，培养有爱心、有热情的当地"文化人"共同进行管理，满足农民阅读需求，把农村图书室、文化站建设成农民朋友的精神家园。

第三节　农业图书馆典型案例

一、美国国家农业图书馆

美国国家农业图书馆建于1862年，隶属于美国农业部，是世界上收藏农业和相关学科文献最丰富的图书馆之一，同时也是美国四个履行国家图书馆职能的图书馆之一。它的任务是服务于美国农业主管部门、农业机构及相关从业人员，负责收集、传播、保存所有有关农业和农村发展的文献信息。该馆目前收藏了近400万件图书文献，以及超过1.6万种最新期刊和近4 500种电子期刊报纸及50多种其他特殊的电子资源，包括图书、期刊、手稿、缩微胶卷、胶片和其他不同形式的出版物，涉及70种以上的语言。依托丰富的农业和相关学科的馆藏，美国国家农业图书馆更好的服务于美国农业部、农业机构、科研部门，同时也为世界不同国家的农业机构和相关从业人员提供文献信息服务。它的馆藏资源面向国内和世界各国的农业相关人士，并致力于通过对农业信息和技术手段的使用确保人们借阅体验的提高。

图书馆馆藏是以农业信息和相关学科为主，长期以来一直致力于收藏的核心学科有农业（综合）；农业学会、组织、合作社；动物学；植物学；农业化学；农业工程；土壤、施肥、土壤保持；农产品（包括工业用途）；农业经济学；农业统计学；食品与营养等。为支持美国农业部的研究和项目需要，美国国家农业图书馆还收集相关学科的资料，如化学、物理、生物、力学、药学、免疫学、繁殖、自然史、野生动植物、生态学与污染、遗传学、自然资源、气象学、渔业经济学等，并有选择地收藏管理学和计算机技术类图书及期刊。另外，美国国家农业图书馆的年度报告中心还会推荐许多常规以外的图书，以满足美国农业部人员多方面的需要。

二、中国国家农业图书馆

国家农业图书馆,即中国农业科学院农业信息研究所图书馆,是我国目前规模最大的农业图书馆,也是亚洲最大的农业图书馆,同时还是世界第三大农业图书馆。国家农业图书馆作为国家唯一重点支持的国家级农业图书馆,拥有全国最丰富的农业科技文献信息资源,是国家农业科学数据中心。现有馆藏文献210余万册,33万余种。其中,中外文图书31万余册,25万余种;资料12万余册,11万余种;期刊164.7万余册,1.4万余种;宋、元、明、清代古籍1.3万余册,1.2万余种;目前订购中外文科技期刊3 600余种,包括中文科技期刊1 100种,外文科技期刊2 500种,其中1 200余种外文期刊是全国的孤本。电子文献资源方面本馆引进中外文电子数据库36个,其中中文数据库5个,外文数据库31个。借助NSTL开通数据库45个,其中农业和农业相关学科数据库32个,均为外文全文数据库。目前,国家农业图书馆开通服务的中文全文期刊达到近10 000种,外文全文期刊近3 500种,自行研建的中国农业科技文献数据库、国外农业科技文献数据库、国家农业图书馆馆藏文献目录数据库、农牧渔业科技成果数据库、世界农业发展动态数据库、中国食物与宏观农业数据库、中国农业经济分县基础数据库等各类实用型数据库50余个,数据量1 500万条,每年新增记录50余万条。且这些数据库绝大多数已经实现了网络对接,中国农业科学院工作IP地址内用户均可以通过网络享

网站截图(来源:https://www.nais.net.cn/publish/default/gsfm/)

有最大的使用权限。为方便读者使用馆藏文献，国家农业图书馆还利用E-mail、新浪微博、电话、传真、快递等手段开展了文献提供、代查代借、定题检索、SCI引用查询、电子文献目录推送和针对院士及高层次科研团队的学科化信息服务。

三、中国农业大学图书馆

中国农业大学图书馆承自1914年设立的京师大学堂农科大学图书室，历经百年的发展和演变。藏书总量近200万册；订购纸本中文期刊1 500多种，外文期刊360余种；订购各种中外文数据库70个。馆藏资源已初步形成了以农业科学、生物科学和农业工程文献为主体的文献保障体系。1990年西馆建成并投入使用，对我国高校图书馆的布局和管理带来了一系列新的变化，开创了国内全开架管理模式之先河，实现了藏阅一体、由重收藏到重利用的转变。现在图书馆由东馆和西馆组成，分别建在东、西两个校区，总面积为21 665平方米，阅览座位2 770个，两馆实行通借通还，最大限度地方便读者使用。图书馆积极开展国内外交流与合作，先后与加拿大圭尔夫大学图书馆、美国明尼苏达大学图书馆、康奈尔大学图书馆、澳大利亚悉尼大学图书馆等建立合作联系，在相互学习中提高图书馆的整体服务水平。

中国农业大学东校区图书馆（来源：http://news.cau.edu.cn/art/2019/11/14/art_8779_648695.html）

中国农业大学西校区图书馆（来源：http://news.cau.edu.cn/art/2021/7/2/art_10867_768520.html）

四、河南省农业科学院图书馆

　　河南省农业科学院图书馆始建于1948年，其前身为河南省开封农业试验图书资料室。1959年河南省农业科学院建院时，图书馆被定名为"河南省农业科学院图书馆"。经过百年的发展，现已成为以收藏农业科学资料为特色的主题图书馆，主要任务是收集、整理、保藏国内外农业科技图书文献资料，开展文献资料的借阅、复制、定题检索、跟踪服务、科技咨询、课题查新等工作。同时，根据河南省农业生产的特点和优势，河南省农业科学院图书馆还逐步建立起以农作物、经济作物、植物保护、土壤肥料、土壤改良和旱区农业技术开发等为重点的图书馆馆藏和文献服务体系。馆藏文献30多万册，包括纸质图书、电子图书、期刊、报纸、内部资料、标准、检索书刊等。其重点收藏农业科学文献，以生物、生物化学等与农业相关的学科、边缘学科以及新兴学科的书刊资料为辅，适当收藏一些哲学、社会科学与文学艺术类书刊。在文种上，以中文、英文为主，以俄、日等外文文献为辅；在类型上，提倡专业书刊与检索书刊配套兼顾。

　　河南省农业科学院图书馆围绕全院发展的总目标，强化服务意识，拓展服务渠道，完善服务功能，调整馆藏结构，提高管理和服务水平。始终坚持"服务第一、读者至上"的宗旨，开展文献借阅、电子阅览、馆际互借、参考咨询、科技查新、文献传递等方面的工作，在确保为全院科研人员提供全方位服务的同时,也为院外其他单位和个人用户服务。加强制度建设,全面推进标准化、制度化、科学化管理,努力建成以农业文献信息为核心、以自动化管理为手段、具有专业特色的现代化图书馆。

五、江苏省农业科学院图书馆

江苏省农业科学院图书馆建于1934年,原为中央农业实验所图书馆,是全国17个重点农业图书馆之一。现有馆藏书刊30多万卷(册),其中馆藏中外文图书14多万册,中外文期刊13多万卷(册),另有4万多份各类资料等。在建馆初期,曾从国外购进一大批早年出版的农业科学、生物科学重要期刊,多数从创刊号起,虽经多次搬迁,但仍保存完好。1900年前创刊、馆藏50～120年卷的有22种,1901—1930年期间创刊、馆藏30～80年卷的有60种,如Journal of Agricultural Society of England(1840年创刊,馆藏121年卷)等。图书馆保存有我国早年有影响的农业科学技术刊物,如创刊于1918年的《中华农学会报》、1923年创刊的中山大学农学院的《农声》、1924年创刊的金陵大学农学院的《农林新报》、中央农业实验所的《农报》以及《农业推广通讯》等,收藏都较为完整。2001年,图书馆引进南京大学汇文文献信息服务系统,自主建立了馆藏书目数据库,实现了图书馆业务管理工作的自动化,提高了图书馆的工作效率。为了满足科技人员获取科技文献的需求,图书馆从2003年起大力推进电子资源建设,通过自建、自购、共建共享等多种途径和方式引进并购买了清华同方中国期刊全文数据库、万方博硕士学位论文全文数据库、ProQuest、SpringerLink 等20余种中外文数据库,完成了从传统服务向现代化服务的转型。

六、山东省农业科学院图书馆

山东省农业科学院图书馆前身是1959年建成的院图书资料情报室,成立至今已有63年的历史。书库面积350平方米,布设525立方米密集书架,馆藏文献资源约20万册,包括中外文图书、中外文期刊、内部资料、工具书等。图书馆采用广东图创公司Interlib图书管理系统,加工馆藏书目检索数据8万余条,实现馆藏书目的电子检索。随着网络技术的发展,电子资源建设成为图书馆的工作重点。现有图书馆拥有中国知网(CNKI)、读秀、百链云图书馆、超星电子书、国家科技图书文献中心

(NSTL)、国际农业科技情报系统文摘数据库(AGRIS)、美国农业文献联机检索书目数据库(AGRICOLA)、国际农业和生物文摘(CAB)、食品科学文摘(FSTA)、SpringerLink、ProQuest A、ProQuest B 等多个中外文电子数据库,为广大科技工作者提供良好的文献平台和信息服务。

  山东省农业科学院图书馆以提供农业科技文献与信息为主要方向,系统收集、加工、保存和开发利用各种载体的国内外农业科技文献信息,多年来发挥了服务农业、传递信息、保存农业文化宝藏的重要作用。贯彻习近平总书记"研究所要办出特色"的重要指示精神,以"知识服务"为学科发展目标,坚持以服务农业优势学科为导向、围绕各个研究所的科研项目深入开展学科服务。把文献资源建设、读者服务、学科分析、国家/省/市三级协同发展等业务作为工作重点,为农业科技文献信息服务科研、服务乡村振兴和山东农业发展做出积极贡献。探索建立信息资源整合机制,整合不同载体、不同类型的信息资源,整合本地资源与远程资源,将传统纸本信息资源数字化。提供基于网络的虚拟参考咨询服务,为用户提供一站式、个性化的信息服务,丰富信息资源,建立分布式信息资源保证体系,实现信息的无缝链接。

参考文献

戴爱梅,刘艺,万蓉,等,2015.河南省农科院图书馆的百年发展回顾与展望[J].河南图书馆学刊,35(8):86-88.

哈倩,罗静,2010.图书馆价值的分析[J].企业技术开发:新远见(10):58-59.

黄俊贵,2003.关于图书馆的定义:与胡述兆教授讨论[J].图书馆学研究(4):2-4.

黄宗忠,1998.图书馆学导论[M].武汉:武汉大学出版社.

杰西·H·谢拉,1986.图书馆学引论[M].张沙丽译.兰州:兰州大学出版社.

孟静,唐研,徐淑良,2018.农业图书馆信息生态系统模型构建研究[J].农业图书情报学刊,30(12):65-69.

阮冈纳赞,1988.图书馆学五定律[M].夏云,等,译.北京:书目文献出版社.

孙雯,2020.图书馆的内涵、特征和功能研究[J].甘肃教育(4):37.

文竹，雍春玲，潘延给，2015.基于大数据的农业图书馆资源建设探讨［J］.科技经济导刊（18）：150-151.

文竹，雍春玲，潘延给，2016.浅析农业图书馆服务区域特色产业的途径［J］.科技经济导刊（9）：134-135.

吴慰慈，董焱，2008.图书馆学概论（修订二版）［M］.北京：国家图书馆出版社.

许培基，1981.S.R.阮冈纳赞的生平及其对图书馆学的贡献［J］.江苏图书馆工作（1）：54-58.

杨兰伟，刘树海，2012.利用农业图书馆个性化服务推进农家书屋的建设［J］.农业网络信息（2）：62-63.

张海佳，刘善文，李建华，等，2021.农业数字图书馆管理平台建设研究［J］.农业网络信息（6）：48-50.

赵静，2012.农业图书馆竞争力的比较研究［D］.北京：中国农业科学院.

周健，2013.图书馆名词定义变化：看数字图书馆服务理念转变［J］.科技信息（17）：209.

第二章 "互联网+"的新环境

第一节 "互联网+"的内涵

一、"互联网+"的提出

易观国际董事长兼首席执行官于扬在易观第五届移动博览会发表《互联网+》演讲中,在国内最先明确提出了"互联网+"的概念,并以360、百度为例阐释了对"互联网+"的理解,他认为,"世界上任何传统行业和服务行业都应该被互联网改变"。

2012年12月7日,习近平总书记在深圳考察腾讯公司时指出:"现在人类已经进入互联网时代这样一个历史阶段,这是一个世界潮流,而且这个互联网时代对人类的生活、生产、生产力的发展都具有很大的进步推动作用"。

2015年3月,李克强总理在政府工作报告中使用了"互联网+"的概念,并从政府层面提出了"互联网+"国家行动计划,并提出要通过制定'互联网+'行动计划,推动移动互联网、云计算、大数据、物联网等技术与现代制造业结合,促进电子商务、工业互联网和互联网金融健康发展,引导互联网企业拓展国际市场。"互联网+"概念和"互联网+"国家行动计划写入政府工作报告,标志着中国正式进入"互联网+"的新时代。

2015年7月,国务院印发了《关于积极推进"互联网+"行动的指导意见》(国发〔2015〕40号),该意见的贯彻和实施标志着中国的发展进入了"互联网+"的新常态。

"互联网+"从理论走向实践,并逐步成为影响中国经济和社会发展的重要因素。随着以信息与通信技术为代表的新科技革命的迅猛发展,"互联网+"已经从高新技术产业领域渗透和扩展到社会生活的方方面面,并深刻地改变了人们的生产、生活和思维方式。"互联网+"概念是对信息化发展趋势的深刻洞察和高度凝练,成了新的经济增长点和社会文明现代化的助推器。

二、"互联网+"的概念

社会各界人士结合不同的专业背景阐释"互联网+",对其概念进行了分析和探讨,目前对于"互联网+"的概念主要有以下几种代表性的阐释。

(一)"跨界融合"说

腾讯公司董事会主席兼首席执行官马化腾多次提出关于"互联网+"的论述。2015年他在《关于以"互联网+"为驱动推进我国经济社会创新发展的建议》中指出:"'互联网+'是以互联网平台为基础,利用信息通信技术与各行业的跨界融合,推动产业转型升级,并不断创造出新产品、新业务与新模式,构建连接一切的新生态,必将大力促进我国经济社会的发展。"百度公司创始人、董事长兼首席执行官李彦宏认为:"'互联网+'计划是互联网和其他传统产业相互结合的一种新模式。近年来,中国互联网网民人数激增,尤其是移动互联网的兴起,使得互联网在其他的产业中的影响力越来越大。"小米科技创始人、董事长兼首席执行官雷军认为:"'互联网+'就是用互联网的技术手段和互联网的思维与实体经济相结合,促进实体经济转型、增值、提效。"国家信息中心原首席工程师宁家骏认为:"所谓'互联网+',是指以互联网为主的新一代信息技术(包括移动互联网、云计算、物联网、大数据等)在经济、社会生活各部门的扩散、应用与深度融合的过程,这将对人类经济社会产生巨大、深远而广泛的影响。"以马化腾、李彦宏、雷军为代表的与互联网密切相关的企业负责人立足于互联网技术,从技术层面强调互联网的工具价值,强调通过互联网与其他产业的化学反应式的融合或结合,从而对传统产业、实体经济、经济社会产生了广泛而深远的影响。

(二)"技术升级"说

北京大学黄璜教授认为:"'互联网+'不仅包括制造业,也包括电子商务、工业互联网、互联网金融以及创客创新。'互联网+'是两化融合的升级版,不仅仅是工业化,而是将互联网作为当前信息化发展的核心特征提取出来,并与工业、商业、金融业等服务业全面融合。"清华大学付志勇教授认为:"'互联网+'是信息化促进工业化的提法的升级版。"以黄璜和付志勇为代表的学者认为"互联网+"是信息化和工业化的升级版,是对传统产业的更新、再造与升级。

（三）"观念转型"说

阿里巴巴集团创始人马云认为："今天IT（信息技术）已经在向DT（数字技术）时代快速跨越。IT科技和数字科技，这不仅仅是不同的技术，而是人们思考方式的不同，人们对待这个世界方式的不同。"海尔集团董事局主席、首席执行官张瑞敏认为："在'互联网+制造'上，海尔要打造一个生态系统，整个企业全系统全流程都要进行颠覆。"数字科技的发展和企业互联网化，颠覆了企业的流程和人们的认知，促使人们的思维和理念转型升级。

（四）"经济形态"说

新浪董事长兼首席执行官曹国伟认为："互联网+"代表一种新的经济形态，是互联网与传统行业深度融合后，创造出的新的发展生态。北京市互联网信息办公室主任佟力强认为："'互联网+'代表一种新的经济形态，即充分发挥互联网在生产要素配置中的优化和集成作用，将互联网的创新成果深度融合于经济社会各领域之中，提升实体经济的创新力和生产力，形成更广泛的以互联网为基础设施和实现工具的经济发展新形态。"中国社会科学院新闻与传播研究所新闻学研究室主任黄楚新认为："互联网+"是"依托互联网信息技术实现互联网与传统产业的联合，以优化生产要素、更新业务体系、重构商业模式等途径来完成经济转型和升级。"武汉大学经济与管理学院沈潇认为："'互联网+'不仅是一种技术手段，更是一种经济形态，将对企业生产方式产生革命性影响。"这些观点认为，作为技术手段的互联网已经是促进经济发展的构成要素，已经是促进经济发展的内在动力和核心引擎，促进了产业的转型和升级，形成了新的经济形态。"经济形态"说强调互联网的经济价值，强调互联网对经济发展的革命性影响。

那么究竟该如何定义"互联网+"呢？综合以上概念，我们比较倾向于马云的观点："互联网+"实际上是创新2.0下互联网发展的新形态、新业态，是知识社会创新2.0驱动下互联网的形态演进。"互联网+"的本质内涵是：互联网与各个行业的跨界与融合形成全新的价值或新的商业模式，新的价值比单纯的这个产业更有价值，用通俗的话来说就是互联网+相关产业。以互联网为标志的信息通讯、计算机技术应用无所不在，不仅可以改造现有的产业和行业，改变创新的模式，而且可以颠覆人们的生活方式和社会管理模式，创造新的发展生态。

第二节 "互联网+"的时代特征

"互联网+"的本质特征是跨界、变革、开放、融合，它将移动互联网、云计算、大数据、物联网等智能计算机技术与现实应用的结合变得更加紧密。互联网成为获取各类信息的首要来源，方便快捷，以淘宝为例，不管你想要什么样的产品，有什么样的创意，几乎都能在淘宝上找到对应的产品，所以被戏称为"万能的淘宝"。大一统的市场格局开始分化，过去企业依靠规模大取胜，而现在被小而专、灵活多变替代，中国市场进入小众化消费阶段，特色化、个性化是时代特征，互联网经济造就了小众化思维。

一、跨界融合，重塑结构

"+"意味着跨界、变革、开放、融合。跨界是其他三个方向的基础，也是第一步，只有融会贯通，才能打通产品从研发到产业化的路径，显示出群体思维的智慧。融合也指身份的融合，即客户消费行为转化为投资，合作伙伴参与创新创业，不是非此即彼，而是动态转化。在政策、产业、社会的合力驱动下，"跨界""融合"成为全行业转型升级与创新发展的共同选择。

信息革命、全球化、互联网这些新生概念已经打破了原有的社会结构、经济结构、地缘结构、文化结构，全球话语权体系在不断发生变化，"互联网+"社会治理、虚拟社会治理将会以崭新的面貌呈现。以用户为中心的价值交互网和以人为中心的价值创造网互相交织，会呈现出"网状价值结构"，你中有我，我中有你，编织成一个由无数个微型组织、自主经营体所构成的价值创造交互网。

二、创新驱动，协调发展

互联网在各行各业的广泛运用，迫使很多部门改变工作方式，采用网上预约、网上办理、网上传递等新模式，"让百姓少跑路，让数据多跑路"，减少了人为干预，提高了工作效率和规范性。如果说过去是粗放的资源驱动型经济增长方式，现在由于互联网特质发生了变革，创新驱动发展成为时代主流，求新、自主创新、问题导向促进了经济的增长，用互联网思维来求变通、求改革，才能更大的发挥创新力量。

三、以人为本，开放互动

互联网的力量之所以强大，最根本来源于对人性最大限度地尊重、对个人体验的敬畏、对人的创造性发挥的重视。同时，人性的光辉也是推动科技进步、经济增长、社会发展、文化繁荣的最根本的力量。互联网时代，人人平等体现得尤为突出，每个人都是自媒体平台，一篇好文章、一首好歌曲、一个好段子等，都可以让"草根"一夜成名。而个性化人机交互界面、UGC（用户原创内容）、卷入式营销、分享经济等都集中体现了以人为本的特征。

开放生态是"互联网+"的一个非常重要的特征，因为生态的本身就是开放的。互动的意义在于通过双方数据互相反馈，最终能满足客户的精准需求。用户的需求是不确定的，因此企业不能再单纯依靠精确定量化的数据来做理性分析，还需要基于大数据来分析趋势、捕捉机会。但是个性化的推荐引擎让人又爱又恨，今天点击了哪些商品，明天就会收到同类推荐，毫无隐私可言。

四、万物互联，迭代升级

"互联网+"时代就是万物互联的时代，大数据和高流动推动企业产品技术迭代发展，智能升级。连接是有层次的，有差异的，不同连接产生的价值是相差很大的，但是可以连接一切是"互联网+"的目标。只要你具有无限想象力和创意，万物皆可连接，可以创造出无穷尽的财富。

互联网时代的服务是智能的，不断迭代升级，基于连接、互动以及协同获得的数据，借助算法和模型、产品，实现个性化精准服务，实现客户体验的动态自动优化迭代。

第三节 "互联网+"的技术发展背景

一、移动互联网

移动互联网是互联网的技术、平台、应用、商业模式与移动通信技术结合并实践的活动总称，是移动通信技术和互联网融合创新的产物，兼具移动通信随时、随地、随身通讯的优势和互联网开放、平等、协作、分享的精神，被称为下一代互联网。

移动互联网是"互联网+"的前提与基础。智能移动设备和移动互联网的迅猛发展促进了网民数量的快速增长,为"互联网+"的推广应用奠定了用户基础。与传统互联网相比,移动互联网在技术和功能上有了更多的扩展,智能移动设备所内置的传感器、蓝牙、GPS等智能设备的功能奠定了"互联网+"的技术基础。同时移动互联网带来了更多应用场景和商业模式的选择,奠定了"互联网+"的市场基础。移动互联网从根本上改变了人与人、人与信息之间的关系,并重构了互联网社会的各种逻辑关系。

移动互联网的特点主要体现在以下几个方面。

(一)巨大的用户群体

《中国互联网发展报告2020》(2020.7.23发布)显示中国移动互联网用户规模超13亿,占全球网民三成以上。一方面,以移动、联通、电信为代表的通信运营商在无线通信网络领域的积极布局以及Wi-Fi的普及与推广,为用户使用移动互联网提供了方便的网络接入服务;另一方面,以华为、小米等为代表的极具互联网思维的企业,以颠覆式的商业模式和运营策略大幅度拉低了智能移动设备的市场价格,快速推动了以智能手机、平板电脑等为代表的移动设备的普及。此外,较低的学习门槛和较高的使用黏性强化了用户与移动互联网的紧密关系。多种因素交汇的结果就是催生了现在社会方方面面都有意愿、有机会、有能力使用移动互联网服务。

(二)良好的用户体验

移动互联网环境下,手机的功能不仅仅是打电话,更是成为我们与外部世界的连接点,通过智能手机、平板电脑等移动设备随时访问互联网,保持与外部世界的交流联系,保持各类信息的同步更新,提升了互联网的用户体验和用户黏性,手机成为人类生活中不可缺少的一份子,"机(手机)不可失"虽是个笑话,也确实说明了人类已经离不开互联网。

(三)众多的使用场景

移动互联网尤其是国内5G网络的普及使用,将智能终端设备应用到了现实生活中。以智能手机、智能手环、VR眼镜为代表的智能穿着类终端设备,充分运用了蓝牙、OPS(商铺直通车)、GPS(定位系统)、指纹识别、人脸识别、触摸屏等设备或系统,在地图导航、线上支付等应用程序的支持下,构建了多种多样的应用场景,人们通过手机进行身份识别、人脸识别而出入各种场所,二维码的推广与普及更是打通了线上与线下的渠道,为移动互联网的应用提供了更多的机会。

二、大数据

大数据是以容量大（volume）、类型多（variety）、存取速度快（velocity）、应用价值高（value）为主要特征的数据集合。作为一种新兴的计算机技术和业态，大数据技术通过对海量多源异构数据的搜集、加工、存储、分析和表达，从中发现新的内容和知识，并创造出新的价值，提升新的能力。大数据已成为国家重要战略资源和核心资产，并成为社会发展的新驱动力，它可以实现多维感知、完成深度洞察、驱动业务协同、提供无界服务、助力精准决策和提升流程效能。世界各国相继出台了促进本国大数据发展与利用的战略性规划，大数据的地位和作用被广泛认识并不断强化。

随着海量数据的逐渐积累，大数据处理技术、推广与应用便提上日程。

上海市大数据中心数据运营专家委员会专家、人工智能正高级工程师谢赟指出，数据主要来源于3个地方：第一个是互联网，互联网是基于服务器数量来体现它的数据规模的；第二个是移动互联网，也就是我国的人口规模，人越多产生的数据也越多；第三个是物联网，我国是一个数据大国，无论是服务器数量、人口规模，还是感知类终端，都远比其他国家要多。中国成为数据大国是必然的，主要体现在新基建投资、人口规模、多元社会和价值观4个方面。大数据技术的应用与推广能够助推传统行业快速对接信息技术领域的创新，促进传统行业与互联网之间的融合，为"互联网+"的推广与普及奠定数据基础。

（一）宏观视野

近年来，大数据已经成为助推新旧动能转化、赋能可持续发展的新动力，利用大数据技术整合人力、物力、资金和市场等资源，重塑社会分工和合作模式。全球信息化的发展进程不断加快，数据为王的时代正在到来，作为国家重要战略资源的大数据已经成为各国竞争的重要内容，对科技创新的引领和支持日益明显。国际贸易格局正在变革，顺应世界经济深度调整态势的战略安排，我国经济逐渐形成以国内大循环为主体、国内国际双循环相互促进的新发展格局。

相对于我国传统制造领域的发展进入瓶颈期，大数据相关产业有望成为新的经济增长点，重塑我国在全球的竞争优势，实现弯道超车。现阶段我国可以充分利用大数据的规模优势，充分挖掘大数据的价值和潜力，充分发挥大数据的重要作用，进而提升国家的数据竞争力。政府部门也可以利用大数据揭示各个社会主体之间的相互关系，从而提升政府治理能力和精细化决策水平，为政府的社会治理、监管以及宏观调控提供新的方法和手段，推动政府决策的科学化。2020年新冠肺炎疫情发生后，以健康码为代表的疫情监测、城市防疫指数、物资分配、抗疫平台、复工复产、经济预测等大数据应用被人们所熟悉，数据价值得到重要体现。

（二）微观视野

大数据有助于实现社会与公共资源的优化配置，提升资源的利用效率。企业利用大数据创新商业模式，可以创造出新的产品与新的服务模式，完善生产和服务流程，提升企业核心价值。以高德地图、百度地图为代表的地图导航类应用就是企业基于大数据提供新服务的典型案例。一方面通过主动的数据采集积累了大量的地图数据，另一方面通过用户端实时收集到了大量的用户位置数据，两者的融合成就了用户经常用到的躲避拥堵服务，结合历史路况数据和气象数据，地图应用甚至可以对拥堵路况的实时变化做出动态的预测。这实际上是一个多方共赢的结果：对开发公司而言，利用大数据创造出的新产品与新服务，通过商业模式的创新实现了公司的利润价值；对用户而言，用户享受了这些地图导航应用优质且免费的导航服务，可以尽可能地避开拥堵路段，节约了时间和成本，同时也帮助地图应用采集到了实时数据并实现自动上传；对社会管理而言，地图导航应用的躲避拥堵功能在一定程度上缓解了城市的交通压力，整体上节约了社会资源，对减少尾气排放、生态环境保护起到了调节作用。

三、云计算

马化腾曾在"云上生态的新探索"演讲中指出，"互联网+"基础设施建设的第一要素就是"云"，"云"不仅是数据中心，还暗含着"互联网+"、信息资源的发展趋势。云计算是一种通过互联网以自助、可扩展、按照使用量付费的方式获取所需IT资源和服务的模式。被称之为"云"的一方负责提供计算、存储、宽带、DNS等服务，用户则以自助的方式随时获取、按需使用并付费。目前，比较知名的云计算服务提供商有微软云、亚马逊云、Google云、IBM云、阿里云、腾讯云、百度云、新浪云等。

云计算是分布式计算、并行计算、效用计算、网络存储、虚拟化、负载均衡、热备份冗余等传统计算机和网络技术融合发展的产物。提供云计算服务的公司以其分布式的资源池对外提供服务，资源池通常包括计算服务器、存储服务器、宽带资源等大型服务器集群。这些数据资源通过专门的软件进行自动采集和管理，实现动态平衡，形成能自我维护和管理的虚拟计算资源。用户无须关注资源实现的具体细节即可以动态申请自己所需的资源，可以大幅度降低系统的运行和维护成本，从而有更多的精力和时间关注自己的核心业务，有利于提高工作效率，促进技术创新。从服务形式的角度划分，云计算有基础设施即服务（IaaS）、平台即服务（PaaS）和软件即服务（SaaS）等几种服务形式。

云计算的特点，汇总起来主要体现在以下4个方面。

（一）成本低

用户利用云计算可以大幅度降低企业的运营成本，无须建设独立机房和服务器，也不用配置相关系统工作人员，节约的成本远远大于租用云计算的价格。对云计算服务商而言，可能初期投入较大，但可以向众多用户提供服务降低成本，与取得的收益相比，综合成本并不算高。

（二）效率高

相对于企业各自建设机房、导致大量资源浪费的传统工作模式，云计算企业通过专业化布局，改变计算机资源配置方式，集中提供服务的云计算方式，实现资源利用的动态平衡，大幅度降低了资源的重复建设，提升了配置效率，整体效率较高。

（三）使用便捷

云计算的使用非常方便快捷，通过互联网即可完成初始购置、运行维护、系统扩展和费用支付，用户可以随时随地通过个人电脑、移动设备等使用或控制所购置的资源，具有较强的灵活性和可扩展性。

（四）虚拟化

使用云计算服务，用户无须关注具体的硬件实体，只需要选择一个云计算服务提供商，注册登录后即可购买和配置自己所需要的服务，简单配置后就完成了系统的部署。用户所看到的只是云计算平台上的一个虚拟系统。

第四节 "互联网+"的时代新业态

一、工业

"互联网+工业"即传统制造业企业采用移动互联网、云计算、大数据、物联网等信息通信技术，改造原有产品、研发生产方式和生产流程，与"工业互联网""工业4.0"的内涵一致。

（一）"移动互联网+工业"

借助移动互联网技术，传统制造厂商可以在汽车、家电、配饰等工业产品上增加网络软硬件模块和传感器，实现用户远程操控、数据自动采集分析等功能，极大地改善了工业产品的用户使用体验。

（二）"云计算+工业"

利用云计算技术，一些互联网企业打造了统一的智能产品软件服务平台，为不同厂商生产的智能硬件设备提供统一的软件服务和技术支持，优化用户的使用体验，并实现各产品的互联互通，产生协同价值。

（三）"物联网+工业"

运用物联网技术，工业制造企业可以将机器等生产设施设备接入互联网，构建网络化物理设备系统（CPS），进而使各生产设施设备能够自动交换信息、触发动作和实施操作控制。物联网技术有助于加快生产制造实时数据信息的感知、传递和分析，促进生产资源的优化配置。

（四）"网络众包+工业"

在互联网的帮助下，企业通过自建或借助现有的"众包"平台，可以发布研发创意需求，广泛收集客户和外部人员的想法与智慧，大大扩展了创意来源。例如，工业和信息化部信息中心搭建的"创客中国"创新创业服务平台，无缝链接创客的创造力与工业企业的创新需求，为企业开展网络众包提供了可靠的第三方平台。

二、金融

从组织形式上看，"互联网+金融"的融合主要有3种方式：第一种是互联网公司做金融；第二种是金融机构的互联网化，如网上银行；第三种是互联网公司和金融机构合作。

（一）互联网供应链金融

紧密结合电子商务，阿里巴巴、苏宁、京东等大型电子商务企业纷纷自行或与银行合作开展此项业务。互联网企业基于大数据技术，在放贷前可以通过分析借款人历史交易记录，迅速识别风险，确定信贷额度，借贷效率极高；在放贷后，可以对借款人的资金流、商品流、信息流实现持续闭环监控，有力降低了贷款风险，进而降低利息费用，让利于借款企业，很受小微企业的欢迎。

（二）网络信贷（P2P）

P2P 是点对点网络借款，是一种民间小额借贷模式，前几年出现了爆炸式增长，无论是平台规模、信贷资金，还是参与人数等都有较大的社会影响，据统计，2019 年我国 P2P 网络借贷平台数量已经达到 6 617 家。P2P 借贷平台的飞速发展为中小微企业融资开拓了新的融资渠道，也为居民进行资产配置提供了新的途径。但是由于监管政策不到位、平台跑路事件频频发生，多地出台了整治、取缔、良性退市等规定，截至 2020 年 11 月中旬，全国实际运营的 P2P 网贷机构全部归零。

（三）众筹

众筹是一种融资模式，具有低门槛、低成本、期限短和回报形式灵活多样等特点，是初创型企业和小微企业的重要融资渠道。据统计，截至 2019 年，我国处于运营状态的众筹平台有 141 家，其中约六成为商品众筹平台，纯股权众筹约占两成，其余为混合型平台。

（四）互联网银行

2014 年，互联网银行落地，标志着"互联网＋金融"融合进入了新阶段。微众银行的互联网模式大大降低了金融交易成本，节省了有形的网点基础设施建设、人力资源和管理安全等巨大的成本，理顺了业务流程，节约了客户跑银行网点的时间成本。智能手机的快速普及，让手机银行的利用率大大提高，转账、购物支付、生活缴费等全都通过手机完成，成为年轻一代的首选，去银行办理业务成为偶尔行为。

（五）不良资产

国内最早提出"互联网＋不良资产"概念的是包之网，包之网构建了不良资产的互联网处置服务平台，为发布方和处置方提供一站式无缝对接，解决金融烂尾，并接连推出全国债务查询系统、债权风险测评系统，逐步完善网站功能，平台创建当年就突破了 500 亿元发布额，迅速在"互联网＋不良资产"行业占据第一位置。与传统互联网行业不同，包之网不是单纯地运用互联网技术改进传统行业，而是用互联网思维重塑行业结构，连接行业各个环节，建立行业生态体系。

三、商贸

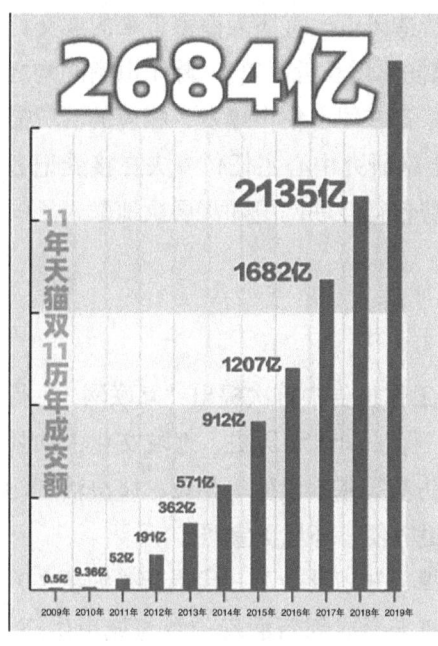

淘宝"双十一"成交额数据（历年"双十一"销售数据回顾）（来源：https://www.yubaibai.com.cn/article/5620331.html）

零售、电子商务等商贸领域和互联网的结合比较紧密且非常成功，正如马化腾所言，"它是对传统行业的升级换代，不是颠覆掉传统行业。""特别是移动互联网对原有的传统行业起到了很大的升级换代的作用。"淘宝"双十一"销售额，从2009年的第一届"双十一"成交额0.5亿元，形成市场的规模效应之后，一路高歌，增长速度惊人。在2019年实现2684亿元，这汹涌的增长情况也是跟近十年来互联网的发展浪潮息息相关的，可谓是互联网成就了电子商务。2020年天猫"双十一"成效额更是达到了4982亿元。另外，也是中国市场的规模化优势，使得中国的电商快速发展，造就了全世界最大的电商市场，没有之一。

2020年淘宝"双十一"成交量（淘宝"双十一"销售额数据统计）
（来源：https://www.yubaibai.com.cn/article/5623953.html）

2020年，国家统计局公布了一季度主要经济数据，实物商品网上零售额18 536亿元，增长5.9%，其中吃类和用类商品分别增长32.7%和10%。直播带货表现强劲，成为新消费造风口。直播为商家带来的成交订单数同比增长超过160%，新开播商家同比增长近3倍。"除了电商网购之外，游戏、教育、医疗等众多消费场景都在线上集中爆发，相应的消费需求同样井喷，"苏宁金融研究院消费金融研究中心主任付一夫在接受记者采访时表示，这种"全场景触网"态势使得互联网更加深层次地融入了国人的生活之中。

四、智慧城市

2015年7月，李克强总理在政府工作报告中首次提出"互联网+"行动计划，并强调要发展"智慧城市"，保护和传承历史、地域文化，加强城市供水、供气、供电、公交和防洪防涝等基础设施等建设，坚决治理污染、拥堵等城市病，让老百姓的出行更方便、环境更宜居。

智慧城市是由新一代信息技术支撑、知识社会下一代创新（创新2.0）环境下的城市形态。"互联网+"有利于形成创新涌现的智慧城市生态，从而进一步完善城市的治理与运行功能，实现更好的公共服务，创新2.0时代智慧城市的基本特征就是"让人们生活更幸福、出行更便利、环境更宜居。"

智慧城市作为新型城市形态，可推动城镇化发展、解决超大城市病及城市群合理建设，而"互联网+"正是解决资源分配不合理、重新构造城市机构、推动公共服务均等化等问题的利器。例如，在推动教育、医疗等公共服务均等化方面，基于互联网思维，搭建开放、互动、参与、融合的公共新型服务平台，通过互联网与教育、医疗、交通等领域的融合，推动传统行业的升级与转型，从而实现资源的统一协调与共享。从另外一个角度来说，智慧城市正为互联网与行业产业的融合发展提供了应用土壤，一方面推动了传统行业升级转型，在遭遇资源瓶颈的形势下，为传统产业行业通过互联网思维、技术突破推进产业转型、优化产业结构提供了新的空间；另一方面能够进一步推动移动互联网、云计算、大数据、物联网新一代信息技术为核心的信息产业发展，为新一代信息技术与产业的结合与发展带来了机遇，并催生了跨领域、多融合的新兴产业形态。

五、通信

2015年工业和信息化部提出国内网络"提速降费",实施几年来,百兆宽带普及、高速光纤宽带网络城乡全面覆盖、4G网络覆盖和速率进一步提升。2020年下半年,随着5G建设发展进程加快,移动流量平均资费进一步降低,互联网应用在中国进入高速发展的快车道,这无疑给"互联网+通信"带来了前所未有的发展机遇。

在通信领域,"互联网+通信"可实现即时通信,即时通信软件可以进行语音、文字和视频交流,高效且免费,用户群体众多。当传统运营商在面对微信等即时通信软件的诞生时如临大敌,因为语音和短信收入会大幅下滑。但随着互联网的发展,来自数据流量业务的收入增长幅度已经大大超过短信收入的下滑幅度,由此可见,互联网的出现并没有彻底颠覆传统的通信行业,反而促进了运营商进行相关业务的提质增效与变革升级。

六、交通

"互联网+交通"已经在交通运输领域产生了"化学效应",例如,生活中经常使用到的打车软件、地图导航系统以及网上购买客车票、火车票和飞机票等,无一不是二者结合的典型应用。

从国外的Uber、Lyft到国内的滴滴打车、快的打车,移动互联网催生了一批打车、拼车、专车软件,虽然它们在世界各地代表的名称都不同,但它们都是通过把移动互联网和传统的交通出行相结合,优化了人们的出行方式,增加了车辆的使用率,推动了互联网智能交通信息化系统的转型升级,提高了有限资源的合理分配利用,改变了人们的出行习惯。

七、医疗

业内人士认为,"互联网+医疗"有望从根本上改善看病难、看病贵的难题。借助互联网优化传统的诊疗模式,为患者提供一条龙的健康管理服务,通过互联网医疗,患者有望从移动医疗数据端监测自身健康数据,做好事前防范;在诊疗服务中,依靠移动医疗实现网上挂号、询诊、购买、结算,节约时间和经济成本,提升就医质量;依靠互联网在就诊前期和后期与医生沟通,打通医患交流通道。百度、阿里、腾讯先后涉足互联网医疗产业,形成了巨大的产业布局网,利用各自优势,通过不同途径实现着改变传统医疗行业模式的规划。

（一）百度

百度率先提出"健康云"概念，基于百度擅长的云计算和大数据技术，形成基于监测、分析、建议的三层构架，对用户实行数据的存储、计算和分析，为用户提供专业的健康服务。除此之外，百度还利用其超强的搜索技术优势为用户提供一站式医疗服务平台，极大方便用户的就医过程，改善就医体验。

（二）阿里

阿里在移动医疗的布局主要是"未来医院"和"医药O2O"，前者是以支付宝为核心优化诊疗服务，后者则以药品销售为主。2014—2015 年，支付宝相继与海虹控股、东华软件、东软集团、卫宁软件签订协议，共同推进"未来医院"，用互联网智能优化诊疗服务流程，并先后在杭州、广州、昆明、中山等地医院试点。在医药电商方面，2015 年，阿里健康与白云山达成合作协议，共同探索开发药品O2O营销模式，现在"阿里健康云平台——数据服务"平台及相应的医药大数据战略已经发布实施。截至 2020 年 9 月，阿里健康大药房和阿里海外旗舰店年活跃消费者超过 6 500 万，收入也同级增长。

（三）腾讯

腾讯以 QQ 和微信两大社交软件为抓手，投入巨资收购丁香园和挂号网，并在第一时间从 QQ 上推出"健康板块"，为微信平台打造互联网医疗服务整合入口，其互联网＋医疗发展战略已经一目了然，从资本运作到微信服务，再到智慧医疗，用户争夺战始终是腾讯布局互联网＋医疗行业的重头戏。2014 年 4 月，九州通携手腾讯开发微信医药 O2O "药急送"功能，随后陆续开通了微信订阅号"好药师健康资讯"和微信服务号"好药师"，打通医保服务"最后一公里"，好药师微信小店开张后 10 天突破 5 000 张订单。

在"互联网＋"技术领域，百度、阿里和腾讯也有很多交叉，未来有着广阔的合作空间。

八、教育

一所学校、一位老师、一间教室，这是传统教育。一个教育专用网、一部移动终端，几百万学生，学校任你挑、老师由你选，这就是"互联网+教育"。第一代教育以书本为核心,第二代教育以教材为核心,第三代教育以辅导和案例方式出现,如今的第四代教育是以学生为核心的教育。中国工程院院士李京文表示,中国教育正在迈向4.0时代。

在教育领域,面向中小学、大学、职业教育、技能培训等多层次人群提供的各类学籍注册、入学、开放课程等网络应用层出不穷,并迅速得到普及。网络学习一样可以参加国家组织的统一考试,足不出户在家上网课学习一样可以取得相应的文凭和技能证书。"互联网+教育"的结果,将会使未来的一切教与学活动都围绕互联网进行,老师在互联网上教,学生在互联网上学,信息在互联网上流动,知识在互联网上成型,线下的活动成为线上活动的重要补充与拓展。尤其2021年新冠肺炎疫情期间,"上网课"成为一切在校教育的统一授课方式。

李克强总理提出的"大众创业,万众创新"对教育而言有着深远的影响。"互联网+教育"的受益者不只是创业者们,网络教育平台还提供了很多的就业机会。中国Android开发的在线学习平台——极客学院上线一年多,通过近千门职业技术课程和4 000多课时帮助80多万IT从业者用户提高了职业技能。

九、政务

"互联网+政务"的核心要义就是要实现管理智能化、服务智慧化。国务院文件中明确提出要实现一窗受理、一号申请、一网通办,很多政务服务部门都在推广一门式、一站式服务。一网通办就是大量的事情可以在网上办理,不用到实际部门来回跑,让"数据多跑路,让百姓少跑腿"就是这个道理。如果一个窗口能够受理各个部门的业务,其背后就需要一个信息资源共享的大平台,需要用庞大的数据库做支撑。如果没有这个信息资源共享的大平台,一窗受理是很难实现的。

很多地方政府已经开始寻求与互联网公司的合作,试图通过互联网提升服务效率,增加行政透明度,努力向服务型政府转型。包括阿里巴巴和腾讯在内的很多互联网公司通过自有的云计算服务,积极为地方政府搭建政务数据的后台,将原本留存在政府各个部门互不连通的数据归集在一个网络平台上,形成了一个大的数据池,实现对政务数据的统一管理。

十、农业

农业看起来离互联网很遥远,但"互联网+农业"的潜力却是巨大的。农业是中国最传统的基础产业,亟须用数字技术提升农业生产效率,"测土配方"就是通过信息技术对地块的土壤、肥力、气候等进行大数据分析,提供种植、施肥相关的解决方案,大大提升农业生产效率。遥感技术助力建立"气候、土壤、农事"等多位一体的农田标准化种植模式,精准判断什么地种什么作物用什么化肥以及精准施药、监测生长、预测收成等。此外,农业信息的互联网化将有助于需求市场的对接,互联网时代的新农民不仅可以利用互联网获取先进的技术信息,也可以通过大数据掌握最新的农产品价格走势,从而明确农业生产重点。与此同时,农村电商通过互联网交易平台减少了农产品买卖的中间环节,推出了一批网红销售,增加了农民收益,拓展了销售市场,极大地推动了农业现代化进程。

第五节 "互联网+"农业图书馆的新内涵

一、"互联网+"对图书馆的影响

印刷术和造纸术的发明,催生了古代藏书楼的诞生,计算机技术和信息技术的广泛应用造就了现代化图书馆。无论是硬件设施更新还是软件设施升级,无不显示着每一次科学技术的创新对图书馆事业的推动作用。"互联网+"是"创新2.0"背景下互联网发展的新业态,知识社会交叉融合上升到"创新3.0"环境下,继续推动互联网形态演进及其催生的经济社会发展并形成的新形态,是互联网的创新成果与经济社会各领域的深度融合,推动了技术进步和组织变革,提升了实体经济创新力和生产力,形成了更广泛的以互联网为基础设施和创新要素的经济社会发展新形态。

随着"互联网+"时代的到来,信息爆炸、知识共享成为趋势,图书馆知识中心的地位被逐渐削弱。图书馆不再仅仅是信息与知识的管理者,而是逐步过渡为信息与知识的开发者。图书馆的信息资源优势借助互联网得以更加广泛的传播,成为推动社会精神文明建设的中流砥柱。"互联网+"不仅颠覆了传统思维模式,更是重塑了社会经济模式、商业模式和社会治理服务模式。"互联网+图书馆"的本质是互联网与图书馆的跨界连接和融合创新,构建起一种新型的图书馆管理和服务模式,进而形成图书馆发展的新业态和新模式。

互联网技术和移动通信技术的发展与广泛应用,拓宽了人们获取信息的方式和渠道,用户对实体图书馆的依赖程度大大降低。图书馆通过引进先进的互联网技术、信息通信技术、云计算及大数据技术等,对各种信息资源进行整合、加工、开发及再利用,使图书馆变成信息与知识的集散地,并在一定程度上实现资源共享,图书馆从资源到设施都得到了进一步的开放,资源利用率大大提升,服务方式多种多样。

二、"互联网+"农业图书馆的内涵

目前"互联网+行业"的结合已经取得了突破性的进展,图书馆界也感受到了"互联网+"带给业界学术研究与实践工作的巨大影响。利用"互联网+"进行图书馆业务与服务理念、模式与技术方法等方面的创新,是图书馆界必须深入思考研究的重要课题。

"互联网+农业图书馆"是互联网的技术、理念、模式与农业图书馆深度融合衍生出的现代农业图书馆发展的新模式、新业态。"互联网+农业图书馆"是一种动态发展的业态过程与模式创新,在不同时期表现出不同的内涵与特征,伴随国家对"互联网+"技术支持力度的加大,"互联网+农业图书馆"的内涵正发生着深刻变化。

(一)多个专业领域的融合

农业图书馆在农业教育教学、科学研究和技术推广中占据着重要的地位,涉及的资源学科种类繁多,并且图书馆的服务管理本身就是基于各领域的知识融合与交叉,不仅仅涉及图书情报学科和农业各个学科,也涉及计算机专业、数据分析、统计、管理等学科。因此,利用"互联网+"技术实现复杂信息的高速存储与管理,不仅能够大幅提升工作效率,也能够为读者提供更精准的个性化服务。

(二)管理模式与理念创新

"互联网+"技术参与农业图书馆管理后,提高了传统管理模式的效率。当下,推动公共服务设施的现代化发展,是社会进步的必然;促进服务模式与组织模式的革新,也是对传统信息资源的有效驱动。农业图书馆一般规模较小、馆员数量少，管理理念更容易受到社会思想的局限性，难以有效融合创新思想，因此，"互联网+"技术的参与将会促进农业图书馆模式与理念上的双重创新，使农业图书馆管理获得前所未有的发展机遇。

（三）业务结构的重新整合

"互联网+"是基于现代电子信息技术而实现的数据信息资源整合，在此特性的影响下，对图书馆内的海量信息与知识管理也必然更为有效和准确。信息技术使图书的知识虚拟化、数字化、网络化，使用户能够更加便捷的获取所需信息，提升对用户的服务质量。当代终端电子信息设备的更新换代，使大众足不出户就可享受知识服务，而传统纸质的文化载体也必然遭受电子产品所带来的冲击。农业图书馆在业务的管理工作上，也要紧跟时代发展的步伐，建立更具现代发展意义的管理模式，努力提高服务品质，不断拓展新环境下图书馆业务的新方法和新方式。

（四）满足读者的知识需求

在"互联网+"环境下的图书馆管理体系中，管理者将会更加注重用户对于信息与知识的个性化需求。时代不断发展前进，在社会文化和信息技术的推动下，全民素质和教育水平在不断提升，大众对于文化知识的渴求度也日益提升，"互联网+"与农业图书馆的结合度日益紧密，不管是农业科技工作者、管理者还是农民，都有条件通过互联网更加及时准确的获取所需信息。

（五）实现数据与文化的融合

"互联网+"代表的是电子信息技术所引导的数据时代，而图书馆代表的是当下社会民众的文化知识需求。"互联网+"与农业图书馆的融合过程，需要建立开放式的数据知识服务系统，才能够满足农业科研与技术推广等方面的知识文化需求。对于一些专业领域的研究资料，图书馆应该完善特色农业资源数据库的建设，并做好特色农业资源库的推广和利用工作。

参考文献

曹国伟, 2015-03-21/2016-07-22. "互联网+"代表的是一种新经济形态［EB/OL］. http://tech.sina.com.cn/i/2015-03-21/163710019803.shtml.

郭继文,2017."互联网+"研究综述[J].山东青年政治学院学报,33(1):11-16.

黄楚新,王丹,2015."互联网+"意味着什么[J].新闻与写作(5):5-9.

姜奇平,周其仁,陈志武,等,2015.读懂"互联网+"[M].北京:中信出版社.

马化腾,2016.关于以"互联网+"为驱动推进我国经济社会创新发展的建议[J].中国科技产业(3):38-39.

马云,2015.人类正从IT走向DT,让别人成功,你才会成功[J].决策与信息(12):67-69.

宁家骏,2015."互联网+"行动计划的实施背景、内涵及主要内容[J].电子政务(6):32-38.

沈潇,2015-05-25."互联网+"关键在融合[N].人民日报(7).

佟力强,2015-05-25."互联网+"带来社会变革[N].北京日报(20).

杨磊,于浩,吴东亚,2020-08-17."互联网+"标准体系构建研究[J/OL].中国工程科学:1-7.

张瑞敏,2015-08-25.制造业不互联网化没出路[N].经济日报(11).

中央电视台,2015-03-15[2016-07-22].李彦宏谈互联网与传统产业结合:化腐朽为神奇[EB/OL].http://www.chinanews.com/gn/2015/03-11/7118892.shtml.

第三章 "互联网+"时代用户需求的转变

第一节 农业图书馆用户需求分析

图书馆为了适应"互联网+"时代的环境变迁,服务方式也开始有了新的转变,即由传统到网络、由静态到动态、由被动到主动。图书馆要在新环境中生存并发展壮大,就必须了解并尽量满足读者的个性化需求。因此,服务用户是图书馆始终不变的宗旨,最终目的都是给用户提供更加优质、个性化、便捷的服务。

用户的信息需求是其信息行为的动机,它会引起信息行为的产生与改变。用户的信息需求主要包括两个方面,一是信息用户(信息主体)对信息本身(即信息客体)的需求,二是为满足这一需求而产生的对信息检索工具和服务方式的需求。农业图书馆的用户群体主要有农业院校师生、农业部门管理人员、农业科研人员、农业技术推广人员和农民,他们可以分为学习型用户、研究型用户、管理型用户和技术型用户四大类,不同类型的用户群体对应着不同的信息需求。

一、学习型用户

学习型用户的信息需求带有强烈的学习化特点,大多涉及个人能力提升、课程学习等方面的信息资源,侧重于一些专业性的学习书籍、技能培训指导、课件、教学视频、学术讲座资料等。由于学习型用户群体广泛,他们除了农业专业的信息需求之外,往往也需要公共关系、实践能力、法律金融、市场营销及就业指导等方面的信息。

二、研究型用户

研究型用户在信息需求方面带有专业性要求,主要包括农业专业的学者及科研工作者,他们肩负农业科学研究与科技创新的重任,需要借助文献信息资源进行创造性思考、研究与开拓。因此,研究型用户所需的文献信息资源也往往是大量的、专业化的和高水平的，例如，国内外农业科研相关的动态信息、农业科技开发项目信息、农业科学技术交流信息等，涉及中英文期刊、报纸、学术网站，还需要享有专业文献资源的自主下载权。

三、管理型用户

管理型用户的信息需求具有明显的决策性与管理性，主要包括领导群体及管理层，他们对文献信息资源的需求带有政策性、宏观性、战略性、综合性和预测性的特点，如农业法律法规信息、农业经济发展信息、宏观农业政策信息、国家产业政策信息等。所以，图书馆必须重点做好信息的综合加工与整理，便于管理者改进工作，制订工作计划，获取有效的信息参考，做好各项决策。

四、技术型用户

技术型用户更希望获得专项技术的信息指导，他们希望能借助文献信息资源解决其面临的具体问题和具体任务，对应的信息需求主要是技术方法、事实和数据等。技术型用户在信息获取上更倾向于具有实践指导性的文献资源。作为农业科研成果从实验室走向田间的桥梁，农业技术推广人员需要各种农业实用新技术新方法信息、特种经营技术信息、植物生长调节信息、良种开发信息以及农产品加工增值技术信息；作为农业生产活动的直接参与者，农民最需要的信息资源是与农业生产直接相关的种植、养殖、加工等技术信息，农业生产资料和农副产品的价格信息以及病虫害、疫情信息等。

第二节　农业图书馆用户信息需求的特征属性

"互联网+"时代，图书馆已经不是传统意义上的"图书集散地"，而是在信息化浪潮的冲击下变身为"信息集散地"，进而成为"知识集散地"，图书馆正在成为可以无限制的获取多种来源、多种格式的信息开放空间。互联网行业，无论是用户需求、用户数据、用户体验还是为提升互联网产品价值和竞争力而进行的各类行为都表明，互联网已经进入以用户为中心的时代。而"互联网+"与图书馆的融合，绝不仅仅只是新兴技术在图书馆的应用，更应该是把互联网行业中"以用户为中心"的理念深深融入图书馆,让图书馆真正成为人与人、人与信息交流的场所,用以关注用户需求为出发点的服务焕发图书馆新的时代生命。

农业图书馆的用户主要是农业院校师生、农业部门管理人员、农业科研人员、农业技术推广人员、乡镇企业人员、农村专业户和农民,信息需求针对性强、信息获取方式维度广。不管是科研人员需要的实验数据信息,还是农民需要的种植方法信息,在数字网络环境下,用户需要的不是大致的、概括性的信息,而是越来越专业化、精准化、能够直接解决实际困难的信息。在这种背景下,用户的需求呈现出多元化、个性化、实效性、交互性的特征。

一、多元化融合

"互联网+"时代农业图书馆用户需求的多元化不仅体现在资源和技术需求的多元,更体现在服务需求的多元。资源需求多元化包括资源类型、资源粒度、资源语种以及资源组织方式等方面。丰富的资源类型是图书馆提供优质服务的基础,对现有文献分层次、分粒度的再组织,可有效提高用户获取信息的便捷性,满足用户个性化信息的需求期望,提升服务的核心竞争力。互联网环境下,用户信息需求不再局限于固定的维度和场景,而是多维度多场景需求,新媒体特有的移动技术、时空场景技术及社交技术能够与用户信息需求期望有机融合,为用户提供泛在化、个性化、碎片化的服务,同时也为用户提供交互的入口,可将自己的原创信息予以发布,让用户随时随地享受到任何场景式的服务,利用传感器感知用户情境,挖掘用户的信息需求期望,为其动态配置适当的情境,提供附加值高的信息服务。

二、个性化挖掘

"互联网+"技术应用的不断深入,为图书馆有效把握用户信息需求偏好提供了可能。通过用户情境聚类、日志分析等方法挖掘用户访问的历史数据,了解用户个性化信息需求,通过反复迭代,最终获得用户信息需求的期望变化,从根本上发现用户的个性化信息需求。用户个性化的信息需求主要体现在信息检索的内容上,通过对用户搜索的历史数据进行挖掘,分析研究用户的专业背景、个性特征、知识结构、兴趣爱好、行为方式等,通过系统推荐、推送实现信息定制功能。对于农业科研工作者可以为其量身定制相应研究方向的热点与前沿推送；对于农民可以为其适时推送个性化的信息素养培训信息，帮助他们不断提高自身信息素养。个性化的信息接收反映了用户的偏好，体现了用户的信息域，通过把握用户信息接收的信息域，可以精准地为其提供域内的相关信息，以强化其体验和感知效果，从而提升服务的综合绩效。

三、时效性保障

"互联网+"环境下，由于信息过载，用户对信息的需求存在着信息迷航和信息缺失的矛盾。一方面各类信息源源不断，另一方面，用户切实需要的信息却很难获取，垃圾信息时时刻刻地充斥在网络上，大量无关的没用的冗余的数据信息严重干扰了受众对相关有用信息的准确选择。图书馆要为用户过滤掉那些无关、无效和污染的信息，为用户推送及时有效的信息。信息的时效性指从信息源发出信息后经接收、加工、传输、利用等环节的时间间隔，时间间隔越短对应着信息越及时，信息使用程度越高，其时效性越强。一般来说，信息越新颖、越及时，信息价值越高。因此，图书馆应尽量缩短信息由发送到接收再到利用等各环节的时间间隔，从而提高信息的价值。尤其对于农时和农业气象灾害的预报预警信息，更应该在第一时间传递到用户的手中，以保证农业生产的有序进行、规避不利自然条件和气象灾害。

四、交互性演进

"互联网+"背景下，图书馆用户信息需求的满足是通过多维度交互实现的，一方面是用户与系统的交互，系统可以感知用户在不同场景不同情境的信息需求；另一方面是用户间的交互，可以实现用户之间信息的互通有无，实现线上与线下交互的无缝连接。图书馆用户信息需求的交互主要有以下几个方面：首先，用户的信息需求是现实客观存在的，当前一级别的需求被满足后，用户不再重复同一级别需求，就会向更高级的需求进行演进，于是就形成了信息需求链，信息需求链的形成过程也就显示了用户与图书馆及用户与用户之间的信息交互过程；其次，用户信息需求是多元化的，信息需求链的形成并不一定是单链的形式，随着链条的生长变化，还会生长出许多分支，这就形成了信息需求支链，再随着支链的进一步生长，彼此之间盘根错节，会形成信息需求树；最后，信息需求树的形成过程也正是用户与图书馆以及用户间复杂交互的结果，随着交互的不断演进，由最初的交互结点逐渐演变为交互链，再从交互链演变为交互树，直至交互网的形成。交互网反映了图书馆用户信息需求期望的多维度、立体化的生态演进过程。

第三节　农业图书馆用户需求的变化分析

一、信息环境的变化

中国互联网络信息中心（CNNIC）第45次《中国互联网络发展状况统计报告》显示，截至2020年3月，我国网民规模达9.04亿，互联网普及率为64.5%；农村网民规模达2.55亿，约占网民整体的28.2%，较2018年增长3 308万；手机网民规模达8.97亿，网民中通过手机上网的比例达99.3%；截至2019年10月，我国行政村通光纤和通4G比例均高于98%，贫困村通宽带比例达99%，实现了全球领先的农村网络覆盖。互联网的普及为图书馆用户获取信息的方式提供了便利，农民作为农业图书馆的主要用户群体之一，即使是在农村，用户也有途径通过网络查找信息。

互联网技术的普及和使用成本的降低，使人们更青睐通过互联网获得信息与知识。图书馆中纸质文献的借阅率正处于逐年下降的趋势，尤其对于农业科研工作者来说，他们需要的信息前沿性要求往往很高，而相对于纸质图书，互联网信息的时效性是无可比拟的。究其原因，主要是互联网终端数量的不断增多、移动终端使用成本的不断降低以及网络资源种类的不断丰富与使用的便捷化，用户更青睐通过移动终端借阅、下载、购买等方式获取相关文献。用户需求通过搜索引擎得到快速满足，而到图书馆查阅资料却需要花费数倍、数十倍甚至数百倍的时间，两者对比，用户对互联网的依赖性显著增强。服务导向是互联网与农业图书馆深度融合中的必然要求，"互联网+"时代的到来，农业图书馆用户的阅读环境发生很大的变化，纸质图书、报纸、期刊等传统纸质媒介逐渐退出主流交易市场，随之替代的是用户随时随地通过互联网电子媒介获取信息。

（一）信息资源更加丰富

网络信息已成为目前信息传播的主要方式，在互联网环境下，各种期刊、报纸、图书和学术资源都能在万物互联的网络媒介上找到，手机阅读、碎片阅读、有声读物的增长使电子图书的市场占有率增长迅速，海量的电子信息资源导致信息生产者和消费者之间的关系发生了巨大的变化，新的信息资源环境下，生产者单向流入消费者的信息传播方式已经改变，信息消费者根据自身需求主动抓取信息的方式成为主流。

（二）传播方式更加快捷

通过网络媒介传播、获取信息资源是目前最适应人们生活习惯的一种方式。在互联网环境下，人们工作和生活的脚步加快，注意力时长缩短，可供阅读的时间更少了。网络传播不受时空、场景及地域限制，利用手机、平板电脑等移动设备就可以在最短的时间内获取最新的信息，实时更新。网络传播使人们不用单独再花时间和精力去传统图书馆进行信息查找与文献阅读，用户使用网络搜索能更加高效、快捷、智能地获得自己所需的信息。

（三）服务竞争更加激烈

由于在互联网环境下人们普遍可以通过便捷的方式获取多元、丰富的信息，导致信息服务市场的竞争更加激烈。这种竞争主要体现在数字资源供应商和传统图书馆之间。以亚马逊、谷歌等为首的数字资源供应商以市场需求为导向，以其丰富的资源、便捷的传播方式获得了用户的青睐，牢牢占据信息服务市场的一席之地，这在一定程度上丰富了信息服务市场，但同时也给以实体图书馆为代表的传统资源方带来了极大的挑战。因此，如何整合资源、合理利用各类供应商资源、获得用户支持、打造自己的服务品牌等，是当下农业图书馆亟须思考的问题和努力应对的方向。

二、用户需求的变化

随着现代信息技术的发展与广泛应用，尤其是互联网的飞速发展，极大推动了全球信息化与网络化进程，人们信息获取、传递、交流等方式发生了前所未有的变化，人们对信息的需求更加迫切。用户是信息交流的终端，也是信息传递的归宿，随着信息环境的变化，用户对信息的需求内容也发生了巨大的变化。因此，农业图书馆若要为用户提供满意、优质的服务，则需要对用户的信息需求进行分析，根据不同用户的信息需求内容采取不同的服务方式，以提高用户的满意度和资源的利用效率。

（一）用户需求内容的变化

互联网环境下，信息资源的丰富性引导着用户需求内容朝着多元化方向发展，农业图书馆用户的信息需求在内容上呈现品质化、多样化及个性化的趋势。仅仅是职业范围内的本学科或相关学科领域的信息资源已经很难满足用户的信息需求，他们还需要与其生活生产息息相关的政治、经济、文化、娱乐休闲等众多领域的多样化信息。同时，用户品质意识增强，正逐渐从大量的泛化信息需求转向针对解决某一问题而起关键作用的高品质信息需求方向发展。在这种情况下，一部分用户的需求必然趋向专深和特殊，他们需要的不是一种泛化的信息，而是一种精确化的能够直接帮助其解决实际困难的专业化信息。尤其是对于广大农业科研工作者，他们经常需要本领域内科研的最新动态与发展方向，需要相关部门提供最新的前沿资讯，具有时间短、层次深、综合性等特点，甚至包含知识增值的二次或三次信息产品。用户通过网络媒介可以获得数量可观的信息，而网络信息的过于碎片化，也放大了用户在获取资源内容方面的个性化需求。

（二）用户需求方式的变化

在需求方式上，农业图书馆的用户更多希望可以获得多元化、一站式的信息服务，呈现多样化和自助化的需求趋势。随着通信技术、互联网、大数据的发展，越来越多的人利用网络渠道或数据传递方式获取信息；电子出版物及多媒体技术的发展，也将为人们信息渠道多元化的选择提供更广阔的空间；网络环境激发了用户独立检索的意识，而网络实时交互的特点也极大吸引着用户。信息需求将由依赖图书馆信息服务人员逐渐向用户自我服务的方向发展，从被动接收信息向主动寻求信息转变。

传统的图书馆在提供服务时一般是给出一个大致的方案，并没有精准地解决用户实际问题，而互联网提供的服务往往是精确到细节，通过搜索引擎直接找到解决问题的方法。网络环境下产生了自助服务形式，用户利用搜索引擎获取信息，图书馆的分类编目功能被弱化。再加上亚马逊、百度等数字资源商在信息整合功能方面不断加强，在信息市场上日益扩张，用户也更加青睐在这些数字媒介上寻找系统化、个性化的信息，图书馆的功能逐渐被边缘化。因此，图书馆只有提供多元化的服务才能适应用户多元化的需求和行为。

（三）用户需求心理的变化

用户的信息需求能否转化为信息检索行为，价值心理和易用心理起着很大的作用。信息价值的大小是由信息用户根据自己的需求程度来衡量的，价值越大，用户的信息需求心理就越迫切，其结果便是信息需求行为越快、越频繁；反之，如果信息价值不大，那么用户的信息需求心理就不强烈，转化为信息需求行为的可能性就不是很大。"一个信息检索系统，如果对用户来说，取得信息比不取得信息更伤脑筋和麻烦的话，这个系统就不会得到利用。"这一穆尔斯定律从更广的范围内阐述了用户需求心理的根本准则：如果用户获取信息比不获取信息更麻烦的话，他将放弃这一信息需求。此外，如果信息价值足够高，用户也会从心理上接受有偿获取服务。

网络社会中，用户的需求变得更加挑剔，他们无法满足于一般性的信息服务。一方面，由于生活节奏的加快，人们需要随时随地获取最新的信息，因此用户希望图书馆的服务也是随时随地的，不管用户身处何地，只要他们想获取某方面信息就可以立刻通过网上图书馆获得；另一方面，用户需求已经从被动接受变成了主动选择，并且每个用户的需求及行为特点都不一样，因此用户希望图书馆可以根据用户自身的特征量身定做其所需要的信息，这种信息是个性化、定制化的，而且不是一成不变的。此外，用户也很注重图书馆的人性化服务，他们希望在图书馆与工作人员沟通交流后可以得到有益帮助。

第四节　农业图书馆服务提升策略

"互联网+"环境下对用户信息需求进行变化规律分析，目的是为了提高信息服务的质量和水平，从多维度多角度多思路开展高效的信息服务，最大限度满足用户信息需求。农业图书馆用户的信息需求能否得到满足大致取决于用户主观因素和外界客观因素两大方面：主观方面，农业图书馆用户受教育及知识水平存在较大差异，具有较高文化水平的农业院校师生和农业科研工作者具有更加准确地表达信息需求并及时掌握相关信息资源的能力，而部分农业生产者和劳动者由于知识的贫乏，无法准确表达自己的信息需求，在无序的网络信息中获取信息的难度也很高，这就阻碍了用户获取信息的顺畅性；客观方面，我国的网络化建设取得了很大的成就，但地区之间发展仍不平衡，加之网络服务费用较高，对于普通的农业生产者来说仍有一定的门槛限制。

另外，农业图书馆从业人员的信息素养决定了信息服务工作的服务水平和服务质量，人员的知识结构、业务素质、开发利用信息的能力等也会对用户潜在信息需求转化为现实信息需求的信心产生影响。这就要求农业图书馆，一方面要提高用户的信息素养和获取信息的综合能力，加强用户培训和宣传推广；另一方面，信息服务工作人员要依托发达的网络体系，有效加工和整合信息资源，服务网络化，从而满足用户的信息需求。

互联网时代下，满足农业图书馆用户信息需求的根本措施是在继续完善传统文献信息服务的基础上，充分利用网络优势开展网络化信息服务，包括建设和完善网络信息服务基础设施、加强网络化信息资源的开发等基础性工作。图书馆还应充分发挥长期以来形成的文献资源优势，对信息资源加以收集、加工、整序及再利用，充分开发与利用"实体馆藏资源"和"虚拟馆藏资源"，为用户提供高效、优质的信息服务。

一、引入以用户为中心的理念

农业图书馆信息资源的开发利用必须引入"用户中心"的服务理念，关注并重视用户实际信息需求，统筹图书馆全局工作。首先，农业图书馆要加强用户调研，利用线上、线下等多种途径开展用户调研、问卷调查，了解用户的信息资源诉求，对用户的专业特征和兴趣特征进行分析，总结推测用户信息需求趋势，构建针对性强的图书馆用户需求信息库，针对各学科领域、各学历人群的需求状况和存在的问题提出假设与预测，发掘新的信息需求，主动向用户推荐馆藏各类资源；其次，农业图书馆要对用户的求新心理、需求心理、求快心理、创造心理等加以研究，根据信息用户的心理变化、心理特点，发现用户新需求，从而开发新的信息服务方案并不断优化；最后，农业图书馆要以用户为中心开展信息营销，通过信息交换和信息服务活动充分满足用户或潜在用户的需求，尤其对于在信息获取中处于弱势的农业生产者，要建立更加易用、易得的信息获取渠道，为其提供更有针对性的服务，让他们能够及时有效的获取到农业生产技术信息。

二、加强用户信息素养提升

互联网背景下，实现用户的信息需求逐步由"他人服务"的依赖化服务模式向"自我服务"的自助化服务模式转变，这与用户的信息素养程度有很大关系，而农业图书馆用户自主获取信息的能力和信息检索的技能都有待进一步提高。因此，面向不同的用户群体，开展不同形式的信息检索与利用方法的培训工作，以提高用户的信息素养和获得信息的综合能力。对于具有较高教育水平的农业科研工作者，应对其进行专业信息检索技术的培训，包括计算机信息检索的基本步骤、数据库内容等，使用户真正懂得文献检索知识，能够根据自身信息需求制定相应的检索策略，借助网络"人机对话"的有利条件，及时调整检索策略，使之与所需信息资源相匹配，从而获取所需信息，提高获取信息的能力；对于文化水平一般的农业生产者，则要对其进行信息素养的普及性培训，通过全面的网络知识教育，补充和调整知识结构，使其具备一定的获取、辨别信息的能力。

三、建立图书馆用户联盟

在信息网络环境下，建立同类型或区域用户联盟、走信息资源共享共建之路是农业图书馆信息资源开发的有效思路。图书馆借助外力，突出用户联盟的整合能力，更快、更全面地掌握用户的多元化需求，也能及时捕捉用户需求的动态变化，提供针对性强的文献信息资源服务。建立用户联盟，需要强化图书馆的馆际互动，增强图书馆与各单位的交流协调，将用户放在核心位置，促进信息服务的全方位创新，激发用户的价值认同感，满足用户的多元化信息需求。另外，国内农业图书馆大多面临建设经费紧张的困局，以联盟的方式进行资源采购和协同建设，既可以节省资源订购经费，又可以提高资源建设质量。例如，由中国农业图书馆发起建设的"农业大数据与信息服务联盟"，充分发挥国家和地方、科研院所和高等院校以及企事业单位等多方面资源优势，通过构建共建共享、协同创新等多种开放合作平台，实现了全国农业科技信息资源和大数据的共知、共建、共享。

四、强化图书馆信息服务平台建设

借助"互联网+"农业图书馆服务平台，实现农业图书馆的跨界融合。一方面，将平台用户的研究活动与图书馆馆藏文献物理存储空间加以深度融合，实现两者的协同发展；另一方面，借助互联网、数据挖掘、云存储等信息技术与读者服务平台进行融合，如推出移动图书馆、数字图书馆、云图书馆等新型服务方式，实现"互联网+"背景下图书馆服务方式、内容、水平等方面的创新与发展。另外，通过对读者数据的挖掘分析，将其与读者的阅读体验相互嵌入，为读者提供个性化与便捷化的服务，积极发挥农业图书馆为科研、教学、生产服务的功能。同时，挖掘平台用户的信息供应链管理，加强图书馆与读者、图书馆与图书馆、读者与读者之间的交流，发挥信息网络的作用，使信息传播更加流畅，共享双向传递，在信息交流中提升信息传播效率。例如，农业图书馆利用信息服务平台，提供信息推送服务，通过在线咨询、图书馆网站、博客、微信公众号等鼓励用户反馈信息需求，准确了解用户对图书馆信息资源的需求，以便为用户推送针对性强的信息；利用数据挖掘技术实现信息内容的深层次分析，发现需求、解决问题并及时总结经验，以问题为导向发掘更深层次的、个性化的用户信息需求。

信息资源的开发利用是农业图书馆用户服务的前提与关键，随着时代的发展，用户需求更为多元，因此，图书馆开发信息资源必须以用户为中心，创新服务思路和模式，充分发挥互联网的技术优势，增强用户与图书馆的互动，建立信息的双向传输机制，从而更好地服务用户，服务"三农"，即为农业生产者与科研工作者提供高效、高质量的信息服务，最大程度满足其信息需求，是农业图书馆开展信息服务的最终目标。网络环境的形成，为信息服务工作的开展提供了一个良好的契机，农业图书馆要抓住这个契机，加快网络化、信息化服务的步伐，不断地深入了解用户的信息需求，根据用户的信息需求的不断变化，调整自己的信息服务工作，以最大限度地满足用户的信息需求，只有这样，才能坚持正确的信息服务方向，充分而有效地共享信息资源，实现图书馆的可持续发展。

参考文献

邓己红，张静，2009.网络环境下用户信息需求的新变化［J］.农业网络信息（5）：50-52.

符史洪，2018.互联网＋环境下图书馆读者服务的优化与创新［J］.科技资讯，16（11）：203-204.

胡杰，2014.网络环境下图书馆用户定位与需求分析［J］.图书馆工作与研究（5）：96-98.

江莹，2020.图书馆文献信息资源的开发与用户需求解读［J］.河南图书馆学刊，40（2）：104-106.

金更达，高跃新，2004.图书馆用户需求层次研究［J］.图书馆杂志（6）：

23，24-26.

孔庆祝.2012.浅析图书馆用户需求层次［J］.四川图书馆学报（1）：65-67.

李雅，2017.互联网时代读者需求与行为变化及其对图书馆服务能力的新要求［J］.科技视界（36）：195-196.

刘晓华，2017.新媒体环境下的图书馆用户信息需求及行为的价值取向研究［J］.现代情报，37（12）：126-130.

孙丽，2018.基于数字环境下用户需求与行为分析的图书馆服务导向［J］.河南图书馆学刊，38（1）：92-93.

田桂兰，2005.试论图书馆读者的信息需求［J］.科技情报开发与经济（10）：49-52.

王福，毕强，2016.数字资源组织的柔性化趋势理论体系研究［J］.情报资料工作（3）：41-45.

王福，郭红，2017.移动图书馆信息接受情境多模式构建研究［J］.图书馆（9）：31-38.

谢小梅，2006.基于网络环境的高校图书馆用户信息需求与学科馆员制度［J］.图书馆学研究（7）：90-93.

谢艳玲，2016.网络环境下高校图书馆用户需求行为分析［D］.保定：河北大学.

余波，2002.网络环境下的读者服务工作［J］.情报杂志（4）：87-101.

袁红梅，2014.移动环境下面向用户需求的图书馆创新服务［J］.渭南师范学院学报，29（19）：77-80，93.

中国互联网络信息中心（CNNIC），2020-04.中国互联网络发展状况统计报告［EB/OL］.http：//www.cnnic.net.cn/hlwfzyj/hlwxzbg/hlwtjbg/202004/P020200428596599037028.pdf.

第四章 "互联网+"农业图书馆新业态

　　如果将图书馆置于历史长河中加以考察，便会发现，不同时期图书馆的运行呈现不同的状态，这种状态即为图书馆业态。图书馆业态指为满足不同用户群体的需求，图书馆整体事业通过相应的要素组合而形成的运行形态。一个新业态的产生大多是在以往成果及经验的基础上加以创新与提升形成的，只有这样才可以形成全局化规则，产生科学、合理的生态结构，推出创新性新业态的服务模式。诚然，农业图书馆也要发挥自身优势，在某些关键性要素上多努力，实现新业态的构建。

　　以藏书楼形式存在的传统图书馆是1.0时代，图书馆定位于以藏书为主，是一种比较封闭的馆舍；图书馆进入以文献服务为中心的2.0时代，成为收集、整理、存储、传播和管理资源，保存人类文化遗产、履行社会教育、提供文献服务的开放场所；随着移动通信技术的广泛应用，图书馆进入了3.0时代，变成一个各类信息资源开放、存储和利用的中心，并在一定程度上实现了资源共享，人们的信息获取方式得以拓宽，图书馆从资源到设施都有了进一步的开放；"互联网+"技术的应用将图书馆推进到4.0时代，网络的普及和应用，打破了图书馆的边界，人们可以在任何时间、任何地方获取自己想要的任何信息，畅通、交互、及时、个性成为新一代图书馆的标签。图书馆的内涵和定位总是随着社会进步和科技发展而不断变化，农业图书馆亦是如此，"互联网+"的规模效应正在重构着农业图书馆的组织结构、工作流程以及管理理念，极大丰富了农业图书馆的服务方式和手段，一些崭新的业态在互联网的浪潮中萌芽、发展，走向成熟。

　　"互联网+"时代下，农业图书馆业态是结合了资源自动增长与智能流动、信息全面感知、提供丰富智能服务的一种新业态，是图书馆与农业相关要素的相互关联，是各类农业信息资源与用户的紧密关联，是图书馆之间的息息相关。农业图书馆面临的挑战与发展并存，其形态也逐渐由传统图书馆发展为数字图书馆、自动化图书馆及智慧图书馆。

第一节　农业图书馆新业态的催生因素

一、资源过载的压力

图书馆具有信息搜集、保存、组织、利用的职能。信息资源作为图书馆管理的主要对象，正由模拟形态向数字形态转变。传统图书馆中图书、期刊、报纸等纸质文献以及录音、录像文献均是模拟信息，在时间上是连续的，在结构上是线性的，具有直观的优点，但不便于交流和共享，用户一般需要亲自到图书馆才能阅读，且一本书往往只能被一位用户借阅。此外，模拟信息还具有占用大量空间的缺点。而数字信息在时间上是不连续的，具有可随机存取、可交互式组织再现、编辑与检索、快速远程传递等特点，便于共享。但是数字信息也存在占用传输资源较多、技术要求复杂等问题。随着农业现代化的不断深入，大田数据的采集已不再是难题，智能化的收割机从田间开过，一系列的水肥信息、产量信息、病虫害信息就会自动采集生成，实验室数据更是不可胜数，传统的数据收藏方式已不再适用于这些爆炸式增长的数字化资源，迫使农业图书馆向更强数据收藏功能的新业态转变。

二、信息组织方式的挑战

数字对象是数字仓储中表示信息的基本逻辑单位，是农业图书馆信息组织、存储、访问与管理的基本单元，可以是文本、图片、音频、视频、多媒体等，主要分为以下四类对象：流媒体对象、静态文档对象、交互式对象、复合数字对象。数字环境下的信息获取强调资源探索，从书目控制理论的视角看，网络资源无法明确标示文献内容，各文献之间的关系模糊不清，文献质量良莠不齐。日益复杂的数据结构挑战着图书馆信息资源组织方式，传统的书目控制理论和文献信息组织的方法，已经不适合现代文献的组织和揭示，如果不采用新的信息组织方式，海量数据将会被束之高阁，无法得到真正的传播和利用。

三、图书馆员"去职业化"的风险

信息服务业的市场随着全球网络化的普及而快速发展，网络搜索供应商、数据库供应商、商业化的文献传递层出不穷,这些都是与图书馆争夺用户资源的主要市场力量。"互联网+"技术的深入发展,改变了用户获取信息的行为和方式,很多农业图书馆,本身就存在馆舍面积小、读者到馆借阅量少、购书经费有限导致纸质文献量减少等不足,现代信息技术在图书馆中不断创新和应用,对传统农业图书馆的核心业务和工作带来了巨大冲击。例如,公共图书馆已经布置并使用了一段时间的自助借还书机,替代部分人工借阅工作;接待机器人替代了图书馆咨询服务台的部分工作,还可以巡回解答问题;甚至机器人已经可以完成图书上架工作,这些对于农业科研机构图书馆而言,加速了图书馆员"去职业化"现象的出现。图书馆员在本身的图书管理事业之外,大都还承担着相关的科研工作,并且科研工作的比例正在逐渐超越传统图书管理工作,图书馆从服务型机构向服务与科研并重型机构转型。

第二节 新业态下信息加工方式的变革

图书馆文献信息加工具有不同的时代内涵。传统图书馆中文献信息加工主要是指编目工作;而在"互联网+"时代,它不再只是编目工作,而是根据用户需求和一定规则将图书馆从不同渠道、不同载体采集到的各种信息资源进行加工整合,为读者提供数字化知识产品的工作过程。在信息资源共建共享的时代背景下,文献信息加工工作较之以前发生了很大的变化。

一、传统图书馆文献信息加工方式

传统的文献信息加工是以文献收集为基础,采用各种技术工具与手段对文献资源的内容进行多层次、多维度的加工、揭示以及有序化,为用户提供符合读者要求、多样化的产品。在图书馆实际工作中,文摘、提要、索引、综述等各项文献信息开发工作都日渐普及并形成了各自的业务规范。每个图书馆都有自己的图书采编、期刊管理部门,负责对原始文献进行著录、分类、编目、主题标引、目录等工作,现在大部分都实现了核心业务的自动化、电子化或外包化。

(一)一次文献加工

一次文献即原始文献,是以作者本人的科学研究、实验设计的直接成果为基础而创作、撰写的文献，如研究报告、标准资料、期刊论文、会议论文、专著、专利说明书、档案等。部分学位论文及译文（包括全译、节译和编译）等也属于一次文献。它的开发、加工与研究，可以把无序的原始文献转变成有序的情报信息，节省读者的时间，提高利用率。

（二）二次文献加工

二次文献是对大量的无序的一次文献按照编辑目的加以收集、著录和内容浓缩，并按照一定的规则形成有序的可供检索的一种文献形式。二次文献主要有3种类型：书目型、索引型、文摘型。

（三）三次文献加工

三次文献是在一次、二次文献的基础上，经过综合分析而编写出来的文献，一般称其为"情报研究"的成果，如学科分析、进展报告、综述、专题述评、数据手册等。这类文献有助于在短时间内了解所研究课题的研究历史、发展态势等，从而更准确地掌握课题的技术背景。

此外，还有数据库、网络信息资源开发等加工方式。

二、新业态下的信息加工方式

1999年1月15日，全国124个图书情报单位在北京图书馆共同签署了《全国文献信息资源共享倡议书》，并发出了八项倡议，实现文献信息资源共享的原则："资源共享、优势互补、互利互惠、自愿参加"。标志着网络化环境下，国内文献信息资源建设已进入共建与共享的发展阶段，文献信息网络建设与国内整体文献信息资源建设得到了有机结合。国家图书馆已完成了"中国试验型数字图书馆"研究项目，为图书馆的数字化和网络化建设取得了宝贵经验，并于2000年4月5日正式启动"中国数字图书馆工程"，开启了中国图书馆全面网络化的序幕。数字图书馆的核心是以各种中文信息为主的资源库群，集各种高新技术为一体，带动与之相关的计算机技术、网络技术、通信技术和多媒体技术等各项技术的发展，形成的高新技术产业链，对于提供我国整体的信息产业水平将起到不可估量的影响。同时它还为知识传播提供了一种崭新的手段，最大限度地突破时空限制，营造出进行全民终身教育的良好环境，为社会所有人获取信息提供了最为便捷的手段和最为丰富的信息，数字图书馆的建设具有重要的战略意义。

（一）网络信息资源的组织加工

"网络信息资源"至今还没有统一的明确定义，但是以下几点是可以明确的：第一，网络信息资源是通过电子形式存储的声音、图像、文字、动画等信息，以光盘、磁盘、计算机存贮等非纸质载体；第二，它是以计算机技术、多媒体技术及通信技术为媒介在网络上发布与传递，并可在网络终端复制、再现；第三，网上发布的信息并非都是网络信息资源，能够满足人们需求的那一部分信息才是网络信息资源。

所谓网络信息资源组织加工是根据信息资源的特点或属性，利用各种工具和方法，对网络信息资源加以搜集、整理、加工、组合排列，使其有利于网络信息资源的存储、传播、检索、利用，从而满足用户的信息需求。

（二）网络文献信息产品的特点

网络文献信息产品具有数量大、种类多、速度快等特点，其中最突出的特点是种类多样。按网络信息呈现的形态分类有数字信息、文本信息、音视频信息、图形图像信息；按信息利用性质分类有注册式信息、开放式信息、交流式信息；按内容领域分类，有商业金融、科学教育、历史文献资料、政府信息、文化娱乐等；按信息发布形式分类，有电子书刊、书目信息、网络数据库以及文件文档；按信息交流方式分类，有正式出版信息、半正式出版信息和非正式出版信息；按功用分类，有非价值信息与存在价值信息。同一信息有可能通过多种介质同时承载，呈现出双重或者多重特点。

（三）加工工作的具体体现形式

1. 联合编目

网络的普及应用使大规模的网上联合编目飞速发展。各个图书馆可访问、复制中央书目数据库的相关数据完成本馆编目工作。目前联机目录已开始提供存取索引、文摘、全文的数据库，也可存取不同位置的资料目录。联机目录除提供简单查找与显示功能外，还提供打印、下载、用E-mail 发送结果、存取电子全文以及请求文献传递等功能。

目前书商基本都会为图书馆界提供随书赠送书目数据的服务。由于书目数据的制作标准现已相对完整，基本符合各馆实际需求，所以图书馆对编目的投入已经降低，并且加快了编目工序的速度，节约了成本。

2. 数据库

数据库方式是将利用搜索引擎的巡视软件，采集和标引网络信息资源以固定的记录格式存储，用户通过关键词及组配查询，找到所需的信息线索,从而直接链接到对应的网络信息资源。

购买全文数据库的服务,可以包含上万种图书资料、数千种期刊或者数十万份专利和标准,而且产品功能齐全。目前常用的清华同方、维普、万方等数据库,通过多年的推广实践,已经拥有了大量的用户,其检索方式快捷、更新速度快、下载方便等特点,更是受到众多图书馆的欢迎。中小型图书馆在财力允许的情况下,尽可能多地购买数据库,充实自己的馆藏。

3. 图书馆网站

图书馆网站包含极为丰富的信息资源,网站的存在使得网络信息的生产得以变为现实,从这个角度上讲,网站也是信息生产加工的主要形式之一。网站是一个图书馆在网络上的综合体现,涵盖了现实图书馆的几乎全部功能,内容应该包括本馆介绍、馆藏检索、数据库、检索查新服务、信息导航台、BBS、论坛等服务窗口。图书馆应发挥其信息加工优势,有选择地订阅与筛选,对网上资源进行二次、三次加工,使读者通过利用网上丰富的信息,及时了解自己所在研究领域的前沿信息,与世界学术动态保持同步。依据本馆的性质与任务,建立科学合理、层次分明的电子馆藏体系,融学术性、信息性、学习性、娱乐性于一体,从而满足不同用户对各种电子信息的需求。图书馆网站中还要包括信息交流平台,通过电子公告版、新闻组、专题讨论组和电子论坛等途径实现最大范围内的交流与沟通。

4. 电子出版物

一般来说,磁盘、光盘、电子图书、多媒体出版物、电子期刊等都统称为电子出版物,它应用了音视频技术,具备传统纸质出版物所不具有的诸多优势。因此,电子出版物将构成今后图书馆文献资源的重要组成部分。

电子出版物的加工主是指为查找信息而产生的书目、文摘、索引以及各种公司名录、指南、年鉴、站点列表、地区代码等电子工具书。目前,"互联网+"环境下信息资源的加工方式已经向着数字化、自动化、智能化的知识组织方式逐渐过渡和发展,但是从整体上看,农业图书馆的信息资源建设与共享仍处于起步阶段,有待于进一步探索与发展。今后一段时间,多种元数据格式将长期并存,实现各种元数据之间的互相操作,是实现资源共建共享的技术根本。

第三节 新业态下服务方式的变革

互联网诞生之前,图书馆的用户服务工作,是由图书馆主导的一种单向、定点推送服务,是一种以资源利用为中心的静态工作模式。互联网时代,用户成为资源建设中的重要一环,是检验图书馆服务成效的决定性因素。对于"互联网+"时代的图书馆用户来说,网络环境提高了用户的参与度,用户不仅仅满足于被动地接受服务,而是参与图书馆诸多的业务工作中,成为主动参与主体甚至创造主体,形成了图书馆与用户之间的新型互动关系。进入21世纪以来,农业图书馆加快了数字化建设的步伐,在数字资源建设、数字参考咨询、数字出版领域都取得了极大的进展。但是仔细考量农业图书馆数字化的广度和深度,还谈不上是真正的数字化、知识化服务,跟大型社会公共图书馆、高校图书馆相比还存在着一定差距。正如张晓林教授所说:"现在的数字图书馆模式,仍然基本是传统图书馆模式的延伸,是传统服务价值和服务市场的简单能力提升和服务扩展。"初景利教授认为,"数字化网络化广泛而深刻的影响对图书馆从认知到功能的根本性转变提出了新的要求",对于农业图书馆而言,更需要进一步去探讨数字化和网络化转型。

一、改变服务模式,提高服务效率

"互联网+"时代,图书馆信息资源的服务模式、流程、效率都需要根据图书馆自身发展需要予以改变。图书馆信息资源的服务模式应当更多地建立在用户需求的基础上,以需求为导向为用户提供个性化的服务。图书馆信息资源服务的流程应当注意用户的需求,改变传统的"藏、借、阅、参"的线性服务流程,通过创新合作,转变成为"国家/省/市(地方)"协同服务流程,专家直接对接用户需求,减少中间环节,大大提高图书馆信息资源的服务效率。

二、创建基于用户需求的资源整合策略

用户的需求体现在图书馆数字资源优化整合的程度。依据用户需要,图书馆对各个相对独立的数字资源系统中的对象进行新的有机整合,以问题为导向,打造异构平台的统一检索界面,但是仍有大量读者需要利用纸

质资源。为了满足用户的多方面需要，这就需要图书馆能够将纸质资源与数字化资源充分结合起来，创建立足于用户需求的图书馆信息资源整合策略，以满足用户对于资源类型的多种需要。为了有效促进信息资源整合，首先要注意做好图书馆内部机构的调整，去芜存菁，简化机构；同时强调基于用户需求的整合，例如，将纸本资源部与数字资源部充分结合起来，是为了体现用户至上的原则，满足图书馆读者的数字化阅读、网络检索的需要。

三、建立主动推送式服务体系

所谓的主动推送式图书馆信息资源服务体系，主要是指在图书馆为用户提供的信息化资源平台上，可以自动查阅用户的阅读行径并记录下来，根据用户的喜好自动推送令他们感兴趣的内容，并且整个服务过程（包括数据采集、聚类分析、主动推送等过程）都是在系统内部自动完成的，不需要有人工提供服务。这种主动推送式的图书馆信息资源服务体系不仅可以减少图书馆工作人员的工作量，而且可以为用户提供及时、定期、精准的个性化服务。

四、实现资源共享的图书馆服务创新

信息资源共享的图书馆服务创新包括多个方面，如服务的内容、手段、主体、模式等，不同的图书馆根据自身发展需要建设适合自己的服务体系。大数据时代，图书馆传统服务模式开始弱化，资源数字化、服务网络化的特点凸显，通过资源共享、空间再造、资源融合、创新服务等手段，使图书馆成为用户信息中心、知识中心、分享中心。

近年来，农业图书馆服务方式的变革，主要集中于服务内容的扩展和信息技术的利用上。借助于信息技术，图书馆逐步做到了服务方式的多样化和服务内容的多层次，面向农业院校师生、科研人员、农技推广人员、农民等不同类型的服务对象，提供更具针对性的服务内容，进而达到满足用户个性化需求的目标。数字化服务已经融入人们的日常生活之中，数字电视服务、移动通信服务、"一卡通"电子资源远程服务、街区自助图书馆服务、"电子书"外借服务等随处可见。21世纪初，国内图书馆网上互动式数字化信息服务就在高校图书馆和省（市）级以上公共图书馆陆续展开，农业图书馆相对来说起步较晚，但也逐渐开展起来，主要服务内容有联机书目和专题检索服务、网上虚拟参考咨询服务、数字图书馆联盟信息资源共建共享服务、网上知识导航服务等。

第四节　新业态下组织结构的变革

20世纪90年代中期，随着图书馆数字化、网络化的发展，国内实体图书馆组织结构发生了实质性变化。特别是国家多项数字图书馆工程的开展，全国性、地区性和系统性的虚拟与实体相结合的数字图书馆战略联盟建设相继成立，例如，中国高校图书馆联盟CALIS、国家科技图书文献中心CSDL、中国国家数字图书馆DNLC、香港八大高校图书馆联盟等。目前，我国图书馆的基本组织形态已经逐渐发展为实体与虚拟相融合的混合型图书馆模式，而数字图书馆又进一步组成了虚拟与实体结合的跨系统、跨行业甚至跨国合作的战略联盟，其合作的内容也由资源联盟阶段发展到知识联盟阶段。

一、划分方式

新业态下农业图书馆的组织结构设计，可以按照不同的方式进行划分：从组织工作的专门化方面来说，可以按照文献流程来划分，也就是目前的采编、流通阅览、典藏的部门划分方式；也可以根据服务的用户群体划分，如学习支持中心、教研支持中心；可以按照服务性质和功能划分，如信息咨询部、学科服务部、综合服务部（办公室）；也可以根据文献类型进行划分，如纸质文献服务部、数字资源服务部、古籍服务部等。在现实中，很少按照一种标准进行组织设计，基本采用多重组合设计，呈现混合或多维立体结构形式。因为组织结构设计必须符合特定组织在某一时期的组织战略、组织状况、技术水平、组织文化等情况，而现在各农业图书馆的发展战略、定位和特色不同，相应的发展战略也相差很多。不同规模的图书馆、不同等级的图书馆在资金经费、新技术和设施应用、人员层次、用户需求、新增业务内容、由传统文献服务型转向信息服务、知识服务型的进程等方面差距甚大，所以各农业图书馆的组织结构形式也打破了原来高度相似的一致性，不仅部门设置不同，业务范围、管理方式也不同，显现出多样化的形势。

二、职能结构

传统图书馆往往采用的是职能制、直线制、直线职能制组织结构，按照采访、编目、借阅、咨询、技术、保障等模块进行分类，根据分工的原则，将其固定在各个部门之中，结果造成图书馆规模越来越大，但人浮于事，反应迟缓。"互联网+"时代则要求图书馆有更灵活的组织结构模式，对于用户需求，能够迅速地做出反应。新业态下，农业图书馆的组织结构应以用户为导向、以服务为中心，组织结构更加扁平与灵活。图书馆组织结构不是一成不变的，它是适应一定阶段的产物，也会随着图书馆的发展、社会的进步而不断改变；也不存在标准统一的模式，但要适应特定图书馆。农业图书馆组织结构变革，关系图书馆未来的发展，适宜的组织结构会促进组织目标的实现，否则会起到阻碍作用。因此，对农业图书馆组织结构的改革，需要研究组织管理理论，调查图书馆实践，符合农业图书馆发展特点，精心设计。

第五节　新业态发展中面临的问题与挑战

一、缺乏统一标准

目前，我国数据库面临着大型数据库屈指可数，小型数据库普遍不规范、不统一的问题。制定统一的数据库规范与标准、实现信息资源的共建共享是亟须完成的任务。

在"互联网+"环境下，由国家统一建设信息资源共建共享的保障体系是十分必要的。名词术语、文献著录、文献标引、文献数据格式及字符集等文献资源，只有按照统一标准进行编码，才能实现联机检索，实现资源共享。在集中精力做大做强现有的国家级大型数据库的基础上，开发完善各信息机构特色馆藏或地方文献数据库，要以共享为导向，加强各级资源中心的领导和协调，提高效率。

二、跨学科跨行业的文献传递系统有待加强

文献资源共享依赖于迅速高效的文献传递系统，随着"互联网+"科技在图书馆的应用，它将信息资源、用户和信息系统连接在一起，支持综

合性、多媒体、大容量的信息传递与信息服务，用户可以通过电子邮件、全文下载、网上查询等方式方便快捷地获取相关信息。高校系统通过"中国高等教育文献保障系统"（China Academic Library & Information System，简称CALIS）基本解决共建共享，农科院系统通过"国家农业大数据与信息服务联盟"建设"农业科技信息资源共建共享平台"，实现全国农业科技信息资源和大数据共知、共建、共享。网络的传递特点解决了跨地区的障碍，但是交叉学科交叉行业的信息壁垒仍未打通。因此建立互联统一的馆际互借系统，打破原有的行业限制、机构限制、人员身份以及地域限制，在联合目录的基础上开展馆际互借工作，处理好借出馆的文献在库情况、馆际互借的相互联络、费用结算等信息，节省馆际互借时间，提高文献的传递与利用率。

三、信息安全问题

信息安全涉及个人隐私和保密、信息系统网络安全、信息资源安全等问题，而信息的编码、传播与共享，会使得信息受到计算机病毒和黑客的攻击，从而引发一系列信息安全问题，严重危害网络安全，亟须解决。

图书馆的计算机网络，是一个开放的系统，拥有大量的信息资源，一方面跨区域、跨操作系统、多服务器、多用户、多数据；另一方面是同时运行多程序、多数据流向和多种数据业务，其信息安全问题尤为重要。图书馆网络安全措施包括内部和外部两方面，建立多层防护，采取安装防火墙、入侵检测系统、定期检查服务器等措施，确保网络安全。

四、知识产权问题

网络信息资源在信息资源的保护和加密、文献资源不被窃取及用户隐私权不被侵犯等方面涉及诸多侵犯用户知识产权方面的问题，信息网络犯罪存在巨大的危害性。我国在2019年颁布了《中华人民共和国知识产权法》，包括《著作权法》《商标法》《专利法》三部法律，通过法规、条例等形式严格规范，维护用户的合法权益，实现网络信息资源的"公正使用"和"公共借阅"。知识经济时代，创新关系着企业发展的命脉，对企业来说，专利能带来实实在在的效益。知识产权越来越受到国家层面的重视，不仅仅是数量，而且在质量、转化率上加强管理。传递和利用中涉及知识产权方面的许多问题，包括知识产权意识薄弱；我国的知识产权基本法律体系存在局部缺失，有些法律的可操作权不强，需要完善和修改；与知识产权有关的管理部门较多，但在条块分割的管理机制下，管理部门之间缺少沟通渠道和沟通机制，政策协调性差，管理越位和缺位现象并存；知识产权执法水平不高，尚存在一定程度的地方保护；大部分企事业单位的知识产权管理制度不完善、不健全，缺乏灵活运用知识产权制度和国际规则的能力。

五、商业化信息机构的挑战

近年来，随着国内外各类信息行业、数据库建设等迅速发展，图书馆的业务工作受到来自商业化信息机构的挑战，出现了各级党政信息中心、国家各系统图书馆以及商业型信息机构相继建设图书报刊数据库的情形。此外，诸多数据库提供商、网络搜索服务提供商、商业化文献传递公司等新兴业态模式与图书馆抢夺用户资源，并通过图书加工服务和数据加工外包服务的形式深入到图书馆的业务工作，读书或者查找文献不只能通过图书馆来解决，Google、百度等搜索引擎的完善功能在一定程度上替代了图书馆文献检索服务，图书馆被边缘化的危险日益显现。

六、体制、机制的制约

21世纪初，在国家文化信息资源共享工程建设中图书馆的文献资源数据库建设，虽已建成标准规范，但是仍然存在各系统、各部门条块分割、门户独立、重复建设等诸多问题，体制与机制的障碍大大制约了图书馆的生机和活力。曾有全国政协委员提议把中国知网（CNKI）一般的论文浏览和下载功能纳入国家购买服务，供国内用户免费使用，虽然引起了图书馆界和数据库供应商的强烈关注，但是具体推动和实施都受到了体制或机制影响，地域、行业等难以协调。

在"互联网+"时代，大数据、云计算技术不断发展，农业图书馆迎来新业态，即实体图书馆的物理馆藏与网络数字空间融合形成虚拟馆藏，用户凭借一卡通、移动图书馆、手机访问等方式与图书馆形成及时的互动交流，从而为用户提供个性化服务、知识服务、整合服务等多种创新服务模式。在图书馆未来的业态改革中，以科技创新为主导的农业图书馆，将会实现新的跨越式发展。数字转型不仅是信息技术的一个项目，对图书馆来说，它涉及一个组织如何利用技术来管理其资源、产品、服务以及服务模式的整体思考。农业图书馆也一样，从收藏、分编、流通、咨询到保存的整个环节和流程都有赖于数字技术的支撑，知识中心、学习中心和交流中心的各项业务活动都将在数字环境下运行，尤其是当农业学科等专业型研究型图书馆的绝大部分资源建设经费都用于数字资源的时候，死守传统方式就意味着倒退，数字转型是形势所迫，也是大势所趋。在农业图书馆现代化进程中，数字转型是在所有项目中属于纲举目张的重要举措，创新发展的难度也集中于数字转型，只有坚定地跨出这一步，才能促进图书馆新业态的形成。

参考文献

陈传夫，吴钢，2007.图书馆业态的变化与发展趋势［J］.中国图书馆学报（3）：5-14.

陈红辉，2010.信息时代高校图书馆服务方式变革初探［J］.科技信息（15）：188-189.

佚名，2013-08-01.国家数字图书馆：公共数字文化服务新业态［N］.中国文化报（4）.

李雯，陈有志，郑章飞，2016."互联网+"时代高校图书馆组织结构变革研究［J］.图书馆（11）：107-111.

聂倩莲，聂建博，2017.生存压力下高校图书馆组织结构变革研究［J］.科技创新导报，14（13）：242-243.

王庆，2018.大数据环境下高校图书馆信息资源建设与服务［J］.中国管理信息化，21（11）：150-151.

魏大威，李春明，温泉，等，2014.万物互联背景下我国公共图书馆新业态发展思考［J］.中国图书馆学报，40（6）：22-32.

吴建中，2019.数字化转型：大学图书馆下一步发展的重心［J］.图书馆理论与实践（8）：13-17.

吴建中，2020.新现实·新业态·新作为：图书馆面临的挑战与机遇［J］.数字图书馆论坛（8）：2-6.

吴怡青，2010.论新兴图书馆业态发展方略［J］.现代情报，30（12）：96-98.

肖芳，2019.大数据时代图书馆信息资源建设与服务方式变革［J］.知识文库（15）：201-202.

徐萍，2007.图书馆服务模式的发展与变革［J］.科技情报开发与经济（34）：22-23.

许丽丽，2018.大数据环境下的高校图书馆信息资源建设探讨［J］.农业图书情报学刊，30（1）：64-66.

杨艳红，2018.服务创新与转型进程中的高校图书馆组织结构变革研究［J］.图书情报工作，62（S1）：26-30.

叶顺晴，2014.高校图书馆员"去职业化"现象研究［J］.图书馆理论与实践（8）：84-86.

张娅莉，程二丽，曾雪松，2020.三维虚拟图书馆设计与实现［J］.数字技术与应用，38（5）：130-131.

第五章 农业图书馆新业态的表现形式

第一节 数字图书馆

随着信息技术的发展,信息的种类与形式日益丰富,对信息的存储和传播提出了更高的要求,传统图书馆已不能满足人们的需求,数字图书馆的设想应运而生。数字图书馆建设始于1993年9月,我国在1997年由文化部组织申报《中国重点科技项目——"中国实验性数字图书馆"》正式立项。此后多家单位开始进行数字图书馆的模型研究。数字图书馆是一个电子信息的仓储,可存储大量各式各样的信息,用户通过网络来获取信息,且信息存储与用户访问不受地域限制。2011年我国开始实施数字图书馆推广工程,各地数字图书馆建设蓬勃发展,推广工程与各地数字图书馆的建设发展有机结合、相互促进,使"互联网+"背景下农业图书馆新业态的构建成为可能。

一、内涵

数字图书馆是用数字技术处理和存储各种图文并茂文献的图书馆,实质上是一种多媒体制作的分布式信息系统。它把各种不同载体、不同地理位置的信息资源用数字技术存贮,以便于跨越区域、针对不同对象的网络查询和传播,涉及信息资源加工、存储、检索、传输和利用的全过程。简单说,数字图书馆就是虚拟的、没有围墙的图书馆,是基于网络环境下共建共享的可扩展的知识网络系统,是超大规模、分布式、便于使用、没有时空限制、可以实现跨库无缝链接与智能检索的知识中心。2017年12月1日,《公共服务领域英文译写规范》正式实施,规定数字图书馆标准英文名为 Digital Library。"数字图书馆"从概念上讲可以理解为两个范畴:数字化图书馆和数字图书馆系统;涉及两个工作内容:一是将纸质图书转化为电子版的数字图书,二是电子版图书的存储、交换、流通。

数字图书馆是传统图书馆在信息时代的发展,它包含了传统图书馆的所有功能，向社会公众提供相应的服务，还融合了其他信息资源（如博物馆、档案馆等）的一些功能，提供综合的公共信息访问服务。数字图书馆将成为未来社会的公共信息中心和枢纽，信息化、网络化、数字化，重点在于信息数字化；电子图书馆、虚拟图书馆、数字图书馆，不管怎样命名和称谓，数字化也是图书馆的发展方向。

"数字图书馆"概念一经提出，就得到了世界范围的广泛关注，纷纷进行探讨、研究和开发以及各种模型的试验。1998年美国提出了与GIS、网络、虚拟现实等高新技术密切相关的"数字地球"概念，随着数字地球概念、技术、应用领域的发展，数字图书馆已成为数字地球家庭的成员，为信息高速公路提供必需的信息资源，是知识经济社会中主要的信息资源载体。

数字图书馆的服务是知识概念引导的方式，将文字、图像、声音等数字化信息，通过互联网传输，从而做到信息资源共享。每个拥有电脑终端的用户只要通过联网登录数字图书馆网站，都可以在任何时间、任何地点方便快捷地享用世界上任何一个"信息空间"的数字化信息资源。

二、特征

数字图书馆依托网络和高性能计算机，较之传统图书馆在用户获取信息、使用信息等方面具有诸多优势，提供的服务更加先进、更为方便。

在文献存储方面，传统图书馆的馆藏载体主要是纸质文献，而数字图书馆的"馆藏"的所涵盖的信息格式与信息类型更加多样化，信息格式包括磁盘、光盘、磁带等，信息类型包括书目信息、全文信息、图像、音频、视频等数字资源，因而数字图书馆不受物理空间的限制，所收藏文献的数量也没有空间限制；在检索方式方面，传统的检索方法费时费力，同时也不能保证查全率和查准率；在信息的传递速度方面，读者必须亲自到传统的图书馆才能实现借、阅、还等文献服务功能，往返图书馆都需要大量时间。而数字图书馆馆藏品种众多，存储巨大，读者只要有网络终端，登录网站点击鼠标，就可以即时检索、下载所需图书、文献，不受时空限制。此外，通过服务器可以实现同一篇文献同一本书的共享使用，提高了信息的利用率，达到了资源共享的目的。

数字图书馆现在逐渐被社会所接受，它的优点就在于可以迅速地找到读者所想要的书籍、文件甚至是图片，能够轻易地连接并浏览不同的页面，更快速地找到读者所想要的数据。而且维护成本相对较低，不需要传统图书馆中的人员成本、书籍维护成本等。数字图书馆建设的主要特点包括开放、全面、共享、长期,主要表现在数字图书馆技术、资源建设、资源服务、业务流程整合、资源框架与标准几个方面。

(一)数字资源建设

数字信息资源建设主要是指数据库建设,全面采购中外文全文电子资源、书目电子资源以及索引性元数据,提供检索途径与使用指南;重点采购中文电子资源中重点学科的全部类型电子文献,保证资源检索的全面与准确;有侧重的建设馆藏书目数据库,馆藏书目数据库是开发信息资源的基础数据库,是图书馆全面实现网络化自动化的基础;与国内外的图书馆合作,构建联合书目数据库,有利于地区间的协作采购和文献资源保障体系的建立,是实现馆际互借、资源共享的前提条件。此外,还要建设特色文献数据库、知识性专题资源库,有利于深层次地揭示和利用文献信息资源,这是图书馆等信息机构提高信息资源服务水平和开展信息资源共享的重要途径。

(二)资源服务

图书馆是国家公益性文化机构,承担着社会知识传播与信息服务的核心责任,为读者提供多层面、全方位、多渠道的数字资源服务,检索与传递不局限于方式,线上、线下服务并重,满足用户的信息获取与个性化的知识需求。

(三)数字图书馆技术

数字图书馆建设采用成熟的技术和产品,利用先进的网络设备和硬件设备,采用国家或行业标准,在信息环境规划、系统构架、资源配置、版权保护、标准规范、系统安全、运营管理、绩效评估等环节加以建设,以成熟的数据库产品、基于内容管理为主要软件系统,配合具体的需求进行相应的软件开发。

值得注意的是,在构建数字资源平台时要更注重开放性与兼容性,保持与其他数字图书馆系统的可互操作性,实现全国数字图书馆建设的共建共享。

(四)资源框架与标准

数字图书馆通过多分布式、超大规模、可互操作的多媒体资源库群,向公众提供全方位的知识信息服务。标准规范是保证数字图书馆系统的资源建设和服务的可利用、可互操作、可持续发展的基础。国家数字图书馆制定了相关的参考标准，为全国数字图书馆提供统一的建设规范。主要由数字资源建设标准规范、数字图书馆应用服务标准规范、版权保护与权利描述标准规范、面向数字图书馆的电子商务标准规范等组成。其中，数字资源建设标准规范涉及数字对象的加工、描述、组织、存储、检索和服务，要建立相应的技术标准规范；建立元数据统一结构框架和相应的元数据描述、加工处理、转换和检索的技术标准规范；建立对网上资源进行搜集、筛选、编目、加工、使用的方法和相应的技术标准规范等。在数字图书馆应用服务系统的建设中，要建立统一描述机制，支持统一的资源命名规则和唯一标识；建立开放的、可互操作的数字资源组织与管理标准规范；建立可互操作的数字对象调度机制等。

（五）业务流程整合

以数字资源建设为核心，以数字服务为目标，构造多载体与多媒体的元数据，满足数字资源采集、标识、管理、存贮、发布和长期保存的业务流程与业务规范，同时注意与采访、编目、借阅、咨询和典藏等传统图书馆的业务流程进行整合。为读者提供方便、快捷的知识服务，在数字资源的加工与建设、存储与管理、访问与服务等环节提供更加先进、实用、高效的解决方案。

三、应用

山东省图书馆的"光明之家"盲人数字图书馆建设、"万里海疆、万里书香"边疆万里数字文化长廊建设，都是数字文化应用服务的亮点。前者通过专门开发建设的一套数字化阅读服务体系，面向全省67.3万视障群众开展数字文化服务。后者则通过探索分类、分众模式，为海疆沿线群众提供数字化公共文化服务。

就科研而言，科研立项和科研成果鉴定都离不开精、准、快、广的信息资源，为确保科研立项的可行性与先进性以及鉴定成果的权威性和水平度，科技查新在科研竞争中的地位日趋上升。针对"三农"服务，数字图书馆的信息服务正逐渐向农业基层人员和农村经营户延伸，帮助广大农村科技人员及农民能够通过数字图书馆或知识服务平台高效快速地获取先进的农业科技信息，而不受地域时间的限制，从而抢占市场先机，提高农业商品的竞争力。省级农科院建成数字图书馆，可最大化地搜集保存农业科学技术的信息资源，还能改变科技人员利用信息的方式，提高信息服务质量，更好地为农业科技创新、农村农民生活提升中发挥支持和保障作用。

自20世纪90年代末，多数省级农科院图书馆相继开始了数字图书馆建设的探索实践，各馆根据实际情况，引进图书馆自动化集成管理系统，逐步实现了图书馆编目、检索、典藏、流通等业务流程的自动化与网络化，相继建成各馆馆藏图书书目数据库及馆藏期刊数据库，并依托本省农业科技信息网系统平台，利用链接在互联网上使用，实现了资源共享。经过多年建设，农业数字化资源建设也具有了一定规模，在图书馆数字化信息资源提供方面，现有数字化馆藏资源、电子资源和网络资源，自建馆藏文献信息库及农业特色数据库。如上海市农业科学院食用菌文献数据库，河南省农业科学院图书馆花生专题文献数据库，山西省农业科学院图书馆小杂粮数据库、节水旱作农业数据库，湖南省农业科学院图书馆正在依托数字图书馆建设的院科技成果、院专家库等。同时，购置引进一些大型的中外文学术数据库，如重庆维普数据库、万方数据库、超星数字图书馆，CNKI、CABI、AGRICOLA、AGRIS、Springer等全文电子期刊等，形成了较丰富的数字资源体系。以中国农业科学院农业信息研究所牵头成立的农科联盟，对外文农业数字资源实施联合采购，极大地节约了省级农科院图书馆农业数字文献资源开支。国家农业科技信息资源共建共享平台的建立，也使各省农科院在各自专业学科需求上的文献资源建设有所侧重，在农业文献资源共享上探索出了一个确实可行的方法，得到了省级农科院图书馆的肯定和好评。

第二节 智慧图书馆

一、内涵

智慧图书馆是运用物联网、云计算、大数据、空间地理信息集成等新一代信息技术，促进图书馆规划、建设、管理和服务智慧化的新理念与新模式。目前，学术界对智慧图书馆还没有一个确切的定义，一些文献从不同的角度做出了相应描述：①从智能建筑的角度来看，智慧图书馆是指把智能技术运用到图书馆建设中而形成的一种智能化建筑，是智能建筑与高度自动化管理的数字图书馆的有机结合和创新。②从智能计算角度来看，智慧图书馆＝图书馆＋物联网＋云计算＋智能化设备，是通过物联网来实现智慧化的服务和管理。③从数字图书馆服务的角度来看，智慧图书馆是指充分利用 ICT 技术，实现各种信息电算化，以进行远程借阅览图书资料、预约座位等操作的数字图书馆。④从感知的角度来看，智慧图书馆是感知智慧化和数字图书馆服务智慧化的综合。

智慧图书馆的产生与发展是基于新一轮科技革命的影响和驱动，反映出图书馆正处于重要转型期和深刻变革期，而未来智慧图书馆的发展也将在多点突破、交叉汇聚的新一轮科技革命中不断创新和升级。智慧图书馆的建设是以互联网为核心，并随着新一代科学技术的发展而呈现出动态发展特征。其中的物联网、大数据、云计算、移动互联网、智慧城市、人工智能、虚拟现实等新技术已经并将继续对智慧图书馆的创新发展持续注入新的活力，智慧图书馆的创新发展将始终在路上。

就性质而言，智慧图书馆是图书馆在新一代信息技术环境下的整体转型升级，涉及图书馆管理、服务、资源建设的所有方面，是图书馆创新发展的全局性解决方案；就形态而言，智慧图书馆把图书馆过去、现在、未来的发展脉络，人员、技术、文献的服务资源，馆员、读者、志愿者的服务主体与客体，物理、网络、社会的全域发展空间，绿色、惠民、协同的发展理念等，有机地联系并融合起来，形成书书感知、人人互联、人机智能的新形态。

前不久，一则抖音视频火遍全网：2020 年 12 月 20 日江西省图书馆两个机器人"吵架"，语言生动活泼，你一言我一语，衔接自然，惹得观看者哈哈大笑，转发、留言者众多。智慧图书馆会拥有更多这样具有高科技的小伙伴来取代过去的人工服务，吸引年轻读者的同时，也会提供更高质量、更炫技术的精准服务。

农业图书馆智慧化指的是借助物联网、大数据、机器人等智能技术，构建农业图书智能管理系统、智能导航系统、智能书架、移动还书箱等设施，为用户提供创造性的、有智慧的信息服务与知识服务，是促进农业科研、管理和

江西省图书馆两台服务机器人"吵架"走红网络，还会卖萌（来源：https://jx.ifeng.com/c/82mnJGxJP28）

服务的智慧化的有效支撑。

智慧服务是以知识服务为基础,通过对知识进行搜集、组织、分析、整合,实现知识增值,支持用户知识创新、应用与转化。通过知识服务为用户带来经济效益和社会效益,从而推动社会生产力的发展。

二、特征

智慧图书馆依托网络化、数字化、智能化的信息技术,以绿色发展和数字惠民为根本目标,以高效、互联、便利为主要特征,是图书馆转型发展的新理念与新实践。与传统图书馆相比,数字图书馆具有信息资源数字化、信息传递网络化、信息利用共享化、信息提供知识化、信息实体复合化等特点。

智慧图书馆的外在特征是泛在,即在信息技术的支持下提供打破时间、空间限制的服务;其内在特征是提供以人为本的智慧服务,满足读者个性化需求,主要有以下两种表现形式。

(一)数据资源建设

数据资源建设是智慧化农业图书馆的核心内容,能够实现农业图书管理和服务的智慧化,提升农业信息资源的融合、共享,图书馆需要借助云计算技术、物联网技术建立起文献感知服务系统和整合集群管理系统。

一方面,根据用户需求融合、聚类和重组数字资源系统中的数据对象、结构功能及其互动关系,使之重新整合为一个新的有机整体,形成一个效率更高、效能更好的数字资源服务体系,通过翻译处理、信息导航、搜索引擎、信息查找等后台处理操作实现不同数字资源的无缝集成、统一索引、信息检索。智慧化农业图书馆强调图书馆把异构分布的文献资源进行挖掘、加工、组织成知识精华,把知识转化为智慧并提供给用户。

另一方面,图书馆基础设施可捕获、感知、识别用户在访问图书馆过程中产生的业务数据与服务管理数据,包括用户在社交媒体平台产生的海量用户行为数据,利用数据挖掘、机器学习、人工神经网络等数据处理技术对图书馆大数据进行管理、组织和分析,实现不同效果的智慧信息服务。

(二)智慧图书馆服务平台

智慧图书馆服务平台是基于融媒体新技术为图书馆馆员、读者和相关机构提供全面服务的开放平台。在构建平台的逻辑架构时必须考虑其异构性、开放性、协同性、移动性、融合性等特征，在构建的过程中，要尽量满足用户的实际信息需求，以智能服务主导为原则，以资源高度集成为特色，实现资源与人的时时处处相连。通过构建与整合信息资源，搭建智慧图书馆服务平台，用户能够随时随地使用图书馆的信息资源。此外，平台还提供信息分类定制服务、信息推送服务、网络智能知识服务、垂直信息服务等服务。同时，图书馆应完善智慧图书馆服务平台的评价体系，以问卷调查、用户评论等方式，结合不同用户群体的需求，在兼顾一般与个性化的同时制定智慧门户评价体系。以此实现资源合理分配和科学管理，实现资源利用最大化，提高管理效率和提升服务水平，更好地为用户服务。

三、应用

农业图书馆的智慧化建设是适用云计算、物联网和人工智能等新兴信息技术发展的必然要求，是传统农业图书馆向智慧化图书馆建设和发展的迫切需要。一方面，智慧化农业图书馆在新信息技术与设备支持下，运用RFID技术把智能芯片植入纸质文献，实现纸质图书资源精准定位功能，管理人员和科研人员能方便、快捷地对所需信息与资源进行准确快速查找，提高图书馆工作效率。另一方面，利用智能化计算机检索技术可以实现海量数字资源的存储、管理与利用，大大缩短了空间距离，节省科研人员查找与分析资料的时间，真正实现图书馆为科研人员提供智慧化服务的目标。

智慧化农业图书馆是运用新兴信息技术助力农业科研、管理和服务智慧化的新理念，是农业图书馆转型的新产物。农业图书馆借助物联网、大数据、机器人等智能技术，构建农业图书智能管理系统、智能导航系统、智能书架、移动还书箱等，实现农业图书管理的智慧化和服务的智慧化，提升农业信息资源的融合共享。

福建农林大学图书馆积极探索智能化、多样化、个性化服务管理手段，配有借还机、电子图书下载机、数字借阅机等自助服务设备，开辟笔记本电脑阅览区，进一步扩大RFID使用范围，不断推进智慧图书馆建设。实现图书馆自修厅座位和学习空间门禁的智能化管理，用户可通过微信平台随时完成选座或释放座位、预约使用学习空间。开通微信公众服务平台，拓展图书馆对外宣传渠道，实现用户通过微信平台荐购图书、获取信息。新增移动支付方式，用户可通过现场圈存机实现支付宝交纳逾期费、可通过微信和支付宝现场缴交查新费用，简化办事流程，提高用户办事效率。

第三节 虚拟现实图书馆

一、内涵

虚拟现实技术利用以计算机技术为核心的现代高科技手段，构造出逼真的集视觉、听觉、触觉于一体的虚拟环境，用户借助必要的设备，以自然的方式与虚拟环境中的对象进行交互并相互影响，从而产生等同于真实环境的感受和体验。虚拟现实技术的特点在于计算机产生一种人为的虚拟环境，通过计算机图形构成的三维空间，或是把其他现实环境编制到计算机中去产生逼真的"虚拟环境"，从而使用户感官上产生对虚拟环境的沉浸式感觉。就其本质而言，虚拟现实是计算机和网络给人多种感官刺激而形成的虚拟世界，是一种高级的人机交互系统，技术核心在于虚拟环境与人两者之间的交互。

虚拟现实的关键技术主要有环境建模技术、实时三维图形绘制、立体现实和传感器技术、应用系统开发工具、系统集成技术等。虚拟现实技术的实质是构建一种人能够与之进行自由交互虚拟世界，在这个虚拟世界中，所有的参与者都可以实时地探索或移动其中的对象，沉浸式虚拟现实是最理想的追求目标。纵观其发展历程，虚拟现实技术未来的研究仍将遵循"低成本、高性能"的原则，经过多年的发展，现已形成了由政府、企业、大学、研究机构组成的多层次、全方位的虚拟制造技术研究和开发格局。

虚拟现实技术有3个重要的特征：第一个特征是沉浸感，虚拟现实技术系统不再像传统的计算机接口技术一样，用户与计算机的交互方式是自然的，就像现实中的人与自然一样，完全沉浸在通过计算机和网络所创建的虚拟环境中，有身临其境的真实感觉。第二个特征是交互性，虚拟现实技术系统能够使用交互输入设备来操纵虚拟物体，改变虚拟世界。而过去的传统三维动画，用户只是作为旁观者被动地接受计算机所给予的信息，不能改变。第三个特征是想象力，沉浸在多维信息空间中，用户利用虚拟现实技术系统从定性和定量综合集成的环境中得到全方位的感性与理性认识，并重新获得灵感萌发新意，发挥想象力形成新的理念。

虚拟现实图书馆是三维可视化图形图像技术、虚拟现实技术以及网络技术在现代化图书馆事业中的应用，它具有虚拟现实技术特有的身临其境的体验感、对真实世界精准仿真的现实感、多维度信息空间环境的沉浸感、人机互动的创造感。虚拟现实图书馆是数字化图书馆延伸出来的一个高级用户界面，是多媒体技术发展的更高领域，基于网络虚拟环境共享信息，界面系统的介入增强了传统图书馆的检索、阅读、获取信息的功能，用户可以更方便地分享文献信息资源。虚拟现实图书馆涉及很多交叉学科和前沿学科的领域，与之相关概念有自动化图书馆、电子图书馆、数字图书馆、虚拟共享空间等，与之相关的技术有计算机三维图形图像影视特效技术、虚拟现实技术、多媒体技术、屏幕投影技术以及信号集成接口技术等。

北京大学吴慰慈教授在《图书馆学概论》中，对虚拟现实图书馆的定义是，"汇集了计算机图形学、计算机仿真技术、多媒体技术、人工智能、人机接口技术、传感器技术、高度并行的实时计算机技术和行为学研究等多项关键技术，以计算机为核心，综合使用了各种最新技术，融合视、听、触觉为一体的模仿现实的三维空间再现。"这个定义可以将虚拟现实图书馆的内涵解释为三层含义：一是虚拟现实图书馆是一门综合性技术，它集成了多学科的技术与研究成果；二是虚拟现实图书馆是以计算机技术为基础平台展开工作的技术；三是虚拟现实图书馆是以多维空间全方位感知为特点的，亦称之为六度空间人机互动性的计算机操作性技术应用。

虚拟现实图书馆集成了多学科的技术与研究成果，用户作为主体可通过采用计算机虚拟现实技术对图书馆进行访问、浏览、检索、典藏、发布等活动。充分利用数字化信息和网络技术对超时空的模拟场景实施控制，人即是这种超时空环境的智能化主体。从信息传播学的角度看，应用了虚拟现实技术的图书馆，是一种高级的智能感知传感信息的方式，是传统图书馆无法做到的。

二、特征

从本质上来说，虚拟现实图书馆的特征就是桌面型虚拟现实系统利用个人计算机和低级工作站进行仿真。虚拟现实图书馆将计算机的屏幕作为用户观察虚拟场景对象的窗口，参与者通过鼠标、键盘等输入设备实现与虚拟场景的充分交互，操纵其中虚拟物体，满足自身需求。虚拟现实图书馆的主要特征包括以下几个方面。

（一）多感知性

图书文献信息的浏览、检索、查询是用户对图书馆最基本的功能需求，虚拟现实的技术突出点就集中在视觉和听觉感知方面，如可视化的视觉检索提取信息资源，场馆的漫游设计，阅读和浏览更加全面感知化。

（二）层次性

虚拟现实图书馆在二次文献信息检索方面应用潜力巨大，从图书馆场景环境到信息导航系统、信息阅读区域的深入、具体的书库书架最后到书刊内容，深层次的虚拟现实功能已经得到应用。

（三）可操作性

在虚拟图书馆中漫游，用户对选书、阅读的每一次动作，均会产生一个直接的身体感知反映，是大脑直接感知的结果。漫游在虚拟图书馆中，可以达到与真实借阅相同的感受效果。

（四）时空控制性

利用网络三维技术，在虚拟图书馆的场景中，不管何时何地，只要有网络，用户都可以不受时空的控制，漫游其中查看馆藏信息。

三、应用

虚拟现实技术最早出现在军事领域。根据有关资料，1929年虚拟现实设备便应用于空军的飞行模拟训练，虚拟现实技术的应用降低了飞行训练的高空危险。因此，各军兵种训练难度大、危险系数高、实战价值高的科目都十分重视虚拟现实技术的应用；虚拟现实技术应用效果较为突出的领域是医学研究和临床教学领域，打破了医疗教学需要依赖动物进行实验的传统，虚拟现实技术的应用，模拟了人体器官及功能，将复杂的手术搬上课堂，使临床手术的风险降到最低；虚拟现实技术在航空航天领域的应用，美国波音777飞机的研制中利用该技术开发了"先进计算机图形交互应用系统"辅助设计，节省了研制周期与大量的研究经费，促进航空制造业的发展。

另外，虚拟仿真技术在公路交通、城市规划与建筑、文物保护、能源、机械制造等领域均有广泛的应用，解决了技术难题，提高了经济效益。其中，在能源领域中，工作技术难度大、危险性高、作业面广，如钻井障碍安全保护、高压带负荷条件下损毁零部件的更换、安全生产调度、防火应急预案模拟训练等，借助虚拟现实技术的应用都可以得到更好的解决，构建基于网络的三维数字油田服务平台，可生动展示全油田的真实面貌，实现基于对象的快速定位、浏览以及关联属性的查询，及时了解油田群的空间布局，为全面的信息化管理打下基础；将虚拟现实技术应用在机械制造领域，可以将精准的运行数据与设计理念有效结合，有效解决大型设备的智能化运行问题和产品外观工艺形象优化问题，极大提高产品的运行可靠性和架构的科学性。

虚拟图书馆是一本翻开的虚拟图书模型，是对真实场景的模拟，例如，当用户伸手比画翻书的动作时，虚拟图书可以模拟进行翻页，并伴有音效和影视，让用户对阅读产生更加浓厚的兴趣。2008年9月，中国国家图书馆建立了国内最大、世界领先的虚拟现实图书馆。该馆采用长7米、高3米的大型投影和无缝链接触发式屏幕技术，按照人的阅读习惯，为用户提供身临其境的漫游体验，同时为用户提供阅读器方便检索、浏览图书。总建筑面积28万平方米的国家图书馆，用虚拟现实技术漫游一圈仅需要20秒，而且眼前的一切似乎都触手可及。国家图书馆二期新馆已经通过Web虚拟现实技术与3D建模的结合，标志着我国在图书馆领域应用虚拟仿真技术的起步。

登录中国国家图书馆官方网站主页，安装Quest 3D player required播放器插件，点击虚拟现实图书馆"新馆漫步"动态图形导航专区按钮，用三位虚拟仿真技术VR制作的国家虚拟现实图书馆新馆就呈现在用户眼前，通过鼠标、键盘的自主操作用户即可漫步于1∶1比例模拟制作的图书馆建筑模型空间之中，让用户身临其境般地沉浸在虚拟现实图书馆的六度空间里，随心所欲的行走在图书馆的大厅、走廊、阅览室、电梯间等。用计算机技术、三维动画软件和虚拟仿真软件合成的虚拟现实图书馆，是三维虚拟仿真技术VR在图书馆领域的首度成功应用，时空距离被技术缩小，人与图书馆的界限越来越模糊。

2017年7月，汕头大学图书馆的虚拟现实图书馆服务开始面向用户开放使用。目前，汕头大学虚拟现实图书馆主要是以本校读者使用为主，部分校外读者也可通过互联网访问的方式，随时随地畅游本馆馆藏资源，及时收到馆内新上架图书提醒、热门图书推荐等，并且可以自行收藏及订阅。服务内容包括可视化搜索、定制化信息推送及分享、线下书架二维码、临时存放、快速找书等。根据虚拟图书馆读者服务平台数据统计，虚拟图书馆读者服务上线后，在感知OPAC搜索与虚拟图书馆可视化搜索同时开放给读者使用的情况下,虚拟图书馆可视化搜索的读者点击率处于上升状态。

在信息检索与咨询方面,虚拟现实技术也有多种应用形式。最典型的当属清华大学图书馆开发的具有深度学习功能的虚拟服务与咨询机器人——"小图"。设计人员将图书馆经常被咨询的万余条问题进行整合,植入了"小图"的汉语语料库。"小图"犀利幽默的语言,不仅吸引了更多学生参与图书馆的咨询和服务,提升了学生对建设图书馆的热情,还减轻了图书管理人员的工作量,"小图"一时间走红网络,成了清华大学的一大特色。

2018年,教育部宣布在《普通高等学校高等职业教育(专科)专业目录》中增设"虚拟现实应用技术"专业,共有71所院校从2019年开始执行。从长远来看,教育部的新举措为产业的发展带来了坚强的后盾,同时也为VR/AR行业带来了信心。

第四节 云图书馆

一、内涵

云图书馆计划旨在研究高校图书馆中利用率低的印本图书实施外包管理的可行性。海量数字化馆藏的出现使得印本资源的优化配置成为可能,以云计算技术为技术支持,实现资源的高效整合与利用,从而提高图书馆服务效能。

云计算服务技术作为一种新兴的海量数据信息处理、存储技术,其凭借着数字化资源平台的动态任务分布、数据并行处理运算,开始在图书馆网络化管理中发挥优势。通过将虚拟化技术、数据存储技术、资源与能耗管理技术等引入图书馆信息的检索、处理与存储之中,可以在降低图书馆人力资源、运营资金消耗的情况下,有效提高数字化资源访问、处理、存储与共享的管理水平,解决图书馆资源应用过程中的信息流动与共享的问题。

云服务管理平台访问,都需要通过路由接入、Web认证登陆等流程,进入虚拟桌面来实现海量数据资源、功能服务的访问活动。当前用户桌面云服务的管理架构,主要包含计算机电子设备、路由、防火墙、虚拟服务器、个人桌面云等组成,普通用户可以在任何时间、地点,利用智能手机、平板电脑、PC 等信息设备，连接专用网络防火墙，登录至图书馆云服务的虚拟桌面平台，进行多种任务请求、虚拟化数据资源获取等操作，而管理人员则会通过后台数据库，来完成访问请求的响应、虚拟桌面管理。所以无论用户处于图书馆内部还是外部，不管使用的网络是有线还是无线，都能够方便快捷的进入到虚拟桌面获取服务。

在图书馆桌面云服务管理平台的建设过程中，相关技术人员需要注意图书馆云服务物理硬件设施、配套软件等的规划构建。利用现有的虚拟化网络信息服务资源，选择合适的网络 IP 地址、物理网卡、内存与存储、VLAN 隔离技术等，开展虚拟交换机配置、图书馆业务流量的管理控制，要在保持云技术服务平台计算机 CPU、内存使用率，以及虚拟机、虚拟应用程序充分利用的同时，加强云数据库服务器内的任务快速响应、资源动态配置，最终满足不同网络用户的图书馆云平台访问要求和功能服务需求。

二、特征

图书馆云服务模式具有定制化、网络化、主动推送等特点。定制化是指根据用户的知识需求提供相应的知识服务；网络化指基于多馆的联合知识资源提供知识服务，从而实现知识服务的共享；主动推送是指用户填写自身的知识需求，图书馆根据需求定时提供相关文献推送的知识服务。

（一）大平台

云图书馆大平台是将众多图书馆的现有业务系统、应用程序、网站及信息资源进行整合与集成，实现该平台涵盖所有业务，用户根据需求可进行资源查找。

（二）大资源

云图书馆通过云端技术对图书馆资源（纸质、电子及数字）、知识和服务实行统一整合与管理，实现数字资源的标准化建设，供用户检索与利用。同时借助平台的直联直通功能，实现纸质图书快递上门，进而实现区域内大资源的统一建设、管理与调配。

（三）大智慧

云图书馆利用大数据技术获取到馆用户的阅读行为数据、借阅数据等，借助云计算技术，对用户相关数据进行分析与挖掘，从而为用户提供个性化、人性化的阅读服务方案，提高图书馆的服务定位。

（四）大服务

云图书馆通过云端服务实现纸质图书、阅读活动、信息咨询、数字阅览等服务的联动，用户可随时随地链接到"云"上，不受地域限制获取需要的资源与服务。借助云图书馆多种业务功能的联动，实现在线荐购、网上借书、活动参与、场馆预定、在线书评等，实现真正意义的大服务和大流通。

三、应用

"中国云图书馆"是由国家创建的、面向全国的非营利性数字图书馆，它是在大数据时代，采用云计算技术，把分散的数据资源整合起来，通过统一的云端平台提供服务，将是中国规模最大、馆藏最丰富的高效率、低成本的国家级信息资源管理和服务机构。"中国云图书馆"的构想由北京航空航天大学图书馆首次提出，全国性图书馆联盟可以通过统一的数字服务平台，实现共建共享，创建中国图书馆云生态。2018年成立的"中国云图书馆·三沙馆"是"中国云图书馆"第一家正式落地的云图书馆。"中国云图书馆·三沙馆"精选了中国出版和中外合作出版的电子资源20多万册，包括国家一级出版机构的3万多种电子书、1 000多集有声书和国家哲学社会科学学术期刊数据库，三沙市在任何时候在任何有网络的地方都可以进行网上阅读。

对国内一流高校图书馆云服务管理平台的建设进行分析，可以发现当下以北京大学、清华大学等为主的顶尖高校，都已借助于CALIS数字图书馆开发的云服务平台，或者依托超星公司的移动云图书馆解决方案，并进行自身图书馆云服务网站、数字公共资源等的建设与完善，且已经有60多家高校移动图书馆开始投入使用。但从国内整个高校图书馆云服务平台的建设现状来看，多数图书馆依然存在与面临着图书资源数量大、数据管理协同性差、存储困难等问题，这严重影响着图书数据资源的处理、存储与应用，因此，建构完善的图书馆管理云计算服务平台势在必行。

科迅图书馆云平台，又称集群式图书管理系统，是基于B/S架构的垂直管理模式，系统下设门户网站＋电子阅览室＋城市集群式图书馆管理系统，实现了总馆对分馆的在线管理、资源共享以及建设图书馆联合服务体系，方便读者在图书馆门户网站或者其中任何一个图书馆都可以检索到所有图书馆中的图书信息。

以每个学校作为客户端,学校图书馆所有数据均可同步上传至综合平台。对全县学校的所有图书馆相关数据进行统计分析,包括借阅排行、热门图书、图书评比、流通率分析等,为管理者更好的实现综合管理提供参考数据。可随时查看各学校的图书馆藏书数据、图书借阅数据、图书损毁数据、读者数据,可及时推送通知到下面各学校图书馆,十分便捷。

第五节 信息共享空间

一、内涵

信息共享空间概念起源于美国爱荷华大学的信息长廊,指融合信息资源、IT专家、图书馆员及图书馆空间(包括实体空间、互联网、软硬件基础设施等)的一站式服务中心和协同化科研学习环境。随着用户需求的变迁,信息共享空间形式发展为研究共享空间和学习共享空间等多元化模式。新形势下信息共享空间强调信息背景下对图书馆技术、服务、空间的有机整合,重新定义图书馆作为学习场所和服务空间的内涵,有效帮助读者从信息共享到知识创新,满足创新型人才培养和学术研究的新需求。

国内关于信息共享空间的概念主要基于两种认识:一种是服务模式的创新。大学图书馆把信息共享空间作为一种综合性服务设施和协作学习环境,认为信息共享空间是一种新的基础设施,是围绕综合的数字环境而特别设计的组织和服务空间,作为一个概念上的教育空间实体,信息共享空间涉及从印刷型到数字型信息环境组织的重新调整,以及技术和服务功能的整合。另一种是在开放存取运动的背景下图书馆应该完成的使命。信息共享空间作为历史意义上的社会共有设施,任何人都可以最大限度地自由存取和利用,它以价值、法律、组织、通信设施和资源等内容为特征,促进信息共享、共有和自由存取,鼓励人们在民主讨论中学习、思考和实践,它是民主活动的基础。由此可见对信息共享空间的解读始终围绕着两个宗旨,即"获取信息"和"提升熟练使用信息技术和资源的能力"。

图书馆信息共享空间是一部分规划空间,在这里,信息存储、处理、输出与通信设施、资源、信息分析工具、文件管理工具及提供全程服务的咨询人员被有机地整合为一体，为用户提供从获取信息到形成最终产品的持续性的一站式服务，并为图书馆提供了一种以服务创新辅助知识创新的解决方案。从国外大学图书馆的信息共享空间实践经验可以看出，信息共享空间可以为用户提供以下服务：为用户提供向导和技术支持；提供合适的硬件、软件以及信息技术支持；提供适当的物理空间；有分工不同的各类图书馆员组成的工作小组；提供不断改进的文化环境和运行机制。

二、特征

美国学者罗伯特·希尔（Robert A .Seal）认为信息共享空间具有普遍性、适应性、灵活性和公共性4个基本特征。普遍性即每一台机器都有相同的界面、软件和检索途径、信息工具等；适应性即能满足各种用户的现实需求；灵活性即能适应不断变化的需求和技术的进步；公共性即提供一种适合大众合作和交流的舒适场所。由此而言，信息共享空间一是鼓励用户长时间在此停留和工作，参考咨询部门和技术服务部门联合为其提供共同合作的发展空间，二是它根据用户提出的需要，将各种服务结合起来，以更好的方式来满足用户的信息需求。

信息共享空间的优点可以这样总结：一是方便，用户可以享受信息需求和知识学习的一站式服务；二是专业，即用户可以获得由图书馆员、计算机咨询人员、多媒体专家等在一个平台上的联合咨询服务；三是提供获得最新技术的途径，包括硬件、软件、多媒体及网络信息资源等；四是合作，即它是小组研究和相互学习合作的最佳空间；五是能够培养用户学会寻找、评价和使用信息，提高用户的信息和计算机素质；六是知识管理，即提供学会使用信息的工具和帮助。所以图书馆不仅是信息的保存者，也是信息的创造者，不仅是信息资源中心，也是促进用户进行学习交流、互动合作、研究创新和社交的最佳场所。

三、应用

国家农业图书馆面向科研人员、全院师生和社会大众群体等服务对象及其多层次的服务需求，借鉴国内外成功的实践经验，构建了集用户研讨、学习、休闲、创作于一体的信息共享空间。信息共享空间由自主学习区、自助服务区、群组研讨区、休闲体验区、24小时自助图书馆构成。

（一）自主学习区

提供计算机、开放网络、沙发等舒适的学习环境，供读者安静的读书或者学习、思考，开放空间，布局合理，自由独立，互不影响。

（二）自助服务区

配备各类先进的自助设备，实现 MAC 工作站、自助还书、自助检索和下载馆藏资源、电子阅览、IC 咨询、自助复印/打印/扫描等多种功能，集复印、打印、扫描功能于一身的多功能一体机、自助还书机等最受欢迎，读者可在无人帮助的情况下借还图书、复印资料，十分方便。

（三）群组研讨区

为倡导小组研讨、团队学习等学习方式，信息共享空间根据群体规模设置了不同规模的群组研习室。群组研讨区配备智能管理系统，用户通过网站或手机 App 预约，利用高配置的电脑终端、投影仪、互动式白板及摄像设备等，满足不同需求。

（四）休闲体验区

配备吧台、大屏电视、CD 播放器、高清耳机、娱乐杂志、时政报刊等设备，供读者放松、缓解疲劳使用，并满足用户对时政要闻等信息的获取需求。

（五）24 小时自助图书馆

国家农业图书馆信息共享空间，充分考虑服务对象的特性和需求。传统图书馆虽馆藏丰富但开放时间和地点受限，因此，国家农业图书馆将在研究生院宿舍区设立"24 小时自助图书馆"，实现读者 24 小时自助借还服务。此外，为信息共享空间建立的建立电子邮件、博客、公众号、QQ 群等虚拟服务平台，用以咨询答疑、发布活动信息、推荐优质资源、交流共享等。

信息共享空间在组织、管理和技术设备层面对图书馆相关服务部门进行了重新整合，为用户提供了自由高效利用信息的环境，成了图书馆发展的新潮流。

中国农业大学东校区新图书馆于 2019 年 10 月建成投入运行，因馆内的隔音电话亭、榻榻米式座椅、20 种不同的阅读场景等配置而红遍网络，被称为"别人家的图书馆"。图书馆建设的初衷与理念是"尊重学生需求、培养阅读素养"，在自助服务区，自助借还机、自助打印机、图书杀菌机等设备一应俱全，还有两间朗读亭供学生体验朗读的乐趣。图书馆针对不同的阅读方式设计出了 20 种不同的阅读场景，协同式阅读、休闲式阅读、碎片式阅读等都有体现。

中国农业大学东校区图书馆圆拱形座椅点缀馆内空间

（来源：http://news.cau.edu.cn/art/2019/11/14/art_8779_648695.html）

中国农业大学东校区图书馆空中连廊设有榻榻米式座椅

（来源：http://news.cau.edu.cn/art/2019/11/14/art_8779_648695.html）

第六节 创客空间

一、内涵

创客空间最早于1981年在德国柏林诞生,名为"混沌电脑俱乐部"(Chaos Computer Club)。2010年,国内首个创客空间"新车间"在上海诞生。2015年,为贯彻落实国务院办公厅发布的《关于发展众创空间推进大众创新创业的指导意见》(国办发〔2015〕9号),满足大众创新创业需求,具有较强专业化服务能力的创客空间受到了重视与关注,以提供更多优质就业岗位,实现以创业促就业。

创客空间和创客文化的兴起,为图书馆积极寻求转型、图书馆空间再造方面提供了良好的契机,为知识创新提供了良好环境,同时也体现了图书馆作为人类终身学习场所的社会使命与价值。

近年来,往往通过展览、讲座、研讨等活动吸引更多读者,发掘图书馆的潜在价值,但"书"才是图书馆最大的优势,正是因为有了"书",才会有更多的读者去图书馆查找资料、消费知识。而现在"人"成了另外一个重要的因素,为用户提供开放的交流环境会促进信息的储存、管理、分享、传播,促进知识的流通共享。

创客空间是为创客们提供实现创意、交流创意思路以及实现产品的线下和线上相结合、创新和交友相结合的社区平台,是图书馆社会价值的延伸,是创客思想和创意的孵化器。

二、特征

(一)开源性

创客空间中的开源性既包括开源软件代码也包括开源硬件,开源硬件延伸着开源软件代码的定义,包括电路原理图、材料清单、设计图等都使用开源许可协议。

(二)共享性

创客空间是创客思想和创意的孵化器,通过交流彼此的想法与创意,实现共享彼此的资源的目的。

(三）创造性

创客是介于手工生产和大规模制造之间的一种新型生产者，既可以人力动手操作，又可通过机械创造，加速研发的同时也可以活络生产者动手动脑的能力。

三、应用

社区支持农业（简称 CSA），也可以理解为农业互助社区，最早于 1971 年出现在日本和欧洲的一些国家，在当时这些国家快速的工业化和城市化的进程中，都市人距离乡村和土地越来越远，同时乡村衰败、农民难以获得维持生计的有尊严的收入。一些农民和消费者主动连接起来，建立了这种以"风险共担、收益共享"为核心理念的"提携、互助"模式。消费者提前预付给农民一年的生产费用，农民则以健康的生产方式生产，双方都是健康生产的推动者。

中国人民大学乡村建设中心和北京市海淀区农林委员会共建的一个现代农业项目（CSA）——小毛驴市民农园。农园采用生态农业种养相结合的种植模式、社区支持农业的营运模式、专家顾问和实习生团队相结合的管理模式，一旦成为小毛驴市民农园的社区支持农业社员，将拥有劳动份额、配送份额，并可参加亲子社区活动等。成员将在农场有一块自己的菜地，并可以在菜地上种植各种蔬菜，体验田野劳动。如果没有时间打理菜园，可以选择托管或家庭配送。农场定期举办各种活动、编辑相关简报，给成员传达农场的动态信息，宣传环保有机的生活观念。小毛驴市民农园利用特有的农业环境与教育资源，每年组织主题丰富、内容多样的各种农业节庆与亲子教育活动，如开锄节、立夏粥、端午节、成员回访日、丰收节、农夫市集、木工DIY、自然农耕教育等。

农业图书馆构建都市农业创客空间具有自身特色。都市农业创客空间的构建首先需要结合图书馆实际情况选择场地，结合主流方式搭建交流平台；其次筛选专业人才，培养专业队伍来进行专业数据库的建设和完善，开展研究试验；最后通过与学校、企业以及社区合作推广研究成果，体现农业图书馆的示范效应及孵化作用。农业图书馆构建都市农业创客空间，可以参考小毛驴市民农园的构建路径，充分吸收相关探索经验与教训，构建具有自己特色的发展路径。

在知识经济时代，对知识信息的创造、加工、传播及应用逐渐成为经济发展的关键。创客空间的出现,为用户提供学习、交流、共享、传播知识的良好空间,凸显了图书馆承担的社会价值与使命。

第七节 真人图书馆

一、内涵

真人图书馆作为一种全新概念的阅读模式,始于 2000 年在丹麦首都哥本哈根"停止暴力"组织在罗斯基勒音乐节上举行的一次活动,该活动采用"对话"的形式,提供 75 本"真人图书"供来宾进行面对面的交谈,旨在反对暴力、鼓励对话、建立和谐关系,活动效果显著,真人图书馆由此产生并在全球迅速传播。直到 2008 年 4 月,真人图书馆这个新名词才被引入国内。随后,上海交通大学、同济大学、石家庄学院等高校图书馆对此项活动进行了有益的实践探索,受到了读者的欢迎。目前无论是理论研究还是实践活动,这种新型的服务模式在我国仍属新鲜事物。

真人图书馆将人的阅历、经验和思想视为文献信息,将人视为信息的载体和媒介,将用户和"真人图书"之间的沟通视为阅读的过程。相比传统静态的书、刊等非生命的文献信息资源载体,"真人图书"不光具有活体特征,更重要的是还具有人的情感和体悟。用户阅读"真人图书",是一个信息双向沟通的过程,具有交互的特点。近几年出现的"真人图书馆",将人作为资源、作为馆藏,用户走进馆中不是借书而是借"人",与"书"相比,"人"可以提供比书本更丰富的知识,并且可以面对面交流。

真人图书馆作为一种新的媒介形式,图书的载体是实实在在有思想的人,通过与这些"图书"面对面的交流,即时沟通,解决思想上的疑惑,进行思维上的碰撞。之前的一本书也许只是局限于一个专业领域,但是一个主题的"真人图书"涉及的领域会很大,因为每一本"图书"会有不同的阅历和经验;"真人图书"具有互动性、开放性、互荐性以及不可复制性。"真人图书"的征集方式通常有两种:一是招募志愿者作为"真人图书";二是主动邀请符合借阅条件的人作为"真人图书"。对于"真人图书"的管理,图书馆主要是按照人物的特点进行分类、确定书名,农业图书馆可以以学科对"真人图书"进行分类。

由于真人的经历、思想、经验、体悟等素材是以书的形式呈现出来的,故这需要一个创作、编辑、提炼、修改的过程,所以,真人本身并不等于书籍,其管理流程也存在很多差异,因此,当读者阅读"真人图书"时会产生新的阅读体验。

真人图书馆(来源:https://baike.so.com/doc/5387087-5623594.html)

二、特征

(一)阅读的全向化

传统的阅读是通过文字、图片与作者对话,这种交流是单向的,不管读者有多少疑惑、多少问题,都只能望书兴叹,无法直接与作者沟通。而"真人图书"却能提供全向的阅读体验。用户直接和"真人图书"交流,通过全部感觉器官接受"真人图书"的信息,各种生动、丰富、变化的信息刺激着双方的感官,在交流和碰撞中产生更多的信息和火花,使感受更加强烈和鲜明。阅读全向化使单向化的阅读活动发展为双向化甚至多向、全向化,颠覆了原有的阅读体验。

(二)阅读的社交化

阅读社交化是阅读方式的重大创新。传统阅读是读者的个人思想体验活动,社交活动是出于日常生活的需要,是作为个体自然人的一种本质特征,具有随机、散漫、世俗的特点。"真人图书"阅读将这二者结合起来,变成一种社交性质的全新感受,使阅读具有强烈的指向性、专业性和阶段性。指向性也就是目的性,是读者为满足某种强烈的心理需要而进行的社交活动,专业性是指读者通过和"真人图书"交流后,解决了某些专业问题,阅读便随之结束,因此这种阅读方式又呈现鲜明的阶段性特点。

(三)阅读的感性化

阅读感性化是"真人图书"阅读的又一特色。"真人图书",自始至终,都充满感性色彩。这主要因为阅读对象是鲜活的人,而不是冰冷的书。"真人图书"阅读的全过程,是人与人之间连续不断的感性交流,读者读到的并非传统图书里的元素,而是在向读者展示自己的容颜、气质、智慧、文化、修养、举止、喜怒等全方位信息的真实的人。同时,读者的一切信息,也无时无刻不在传递给"真人图书",这是一个非常感性的过程,而传统的阅读虽然在阅读过程中也会有感性的体会,但通常都属于理性活动,不可能有这样全方位的信息传播功能。

(四)阅读的一次性化

阅读一次性化是指"真人图书"的阅读是有时间限制的,是短暂的,是一次性的,不可能像传统图书那样由读者来决定阅读的时长。"真人图书"还存在稀缺性,同一本"真人图书"不可能像传统图书那样反复借阅,这也是阅读短暂化的重要原因,因此也就导致阅读的浅表化和零碎化。

三、应用

上海交通大学 2009 年 3 月正式开展"鲜悦 Living Library"活动,其主旨是鲜活愉快地阅读。该活动的形式类似于小型座谈会似的问答交流,活动的理念更倾向于知识性、专业性,贴近读者的学习和生活,通过调查问卷、回访、现场填写感想、鲜悦网站主页留言板、读者来信等方式进行信息反馈。

2013 年 6 月 30 日,山东省图书馆与 I think 真人图书馆合作,第一次开启了图书借阅的新模式,随后又连续策划、组织了多场真人图书借阅活动。前 5 次活动共推出 20 多本真人图书,吸引了近 500 名读者,媒体争相报道。如果说数字阅读是对纸质文献的突破,那么"真人图书"则是对以文字为载体的文献资料的突破。在这个图书馆里的"图书"都是活生生的有思想的、代表不同社会职业的人,其中有旅行者、有社工、有背包客还有罕见疾病患者,他们讲述自己的经历,分享自己精彩的人生故事与人生感悟。读者和他们"面对面"交流,阅读真人图书的经历,体会他们的情感，享受他们的感悟。读者认为从"真人图书"那里获得的知识、经验，比从传统图书里获得的要丰富得多、实在得多。任务整个借阅过程中读者与"图书"频繁互动，不时产生思想共鸣，精彩高潮频现。

第八节　农家书屋

一、内涵

农家书屋工程是五大文化惠民工程之一，是为满足农民文化需要，在行政村建立的、能提供农民实用的书籍报刊和音像电子产品的、由农民自己管理的公益性文化服务设施，可以有效满足广大群众的文化和精神需求。2019年2月，中宣部等十部门联合印发的《农家书屋深化改革创新提升服务效能实施方案》中明确提出，要以新时代文明实践中心建设为统领，坚持在服务群众中提升效能、网上网下协同推进。新时代赋予农家书屋在乡村文化供给、创作、传播方面的新使命。在现有服务基础上，农家书屋应该强化推荐导读功能，深化选题策划功能，发掘记忆传承功能，拓展创业创意功能，积极探索农民主体的文化创作生产，推进乡村文化供给与消费。农家书屋尤其需要借助数字文化赋能，打造数字农家书屋，拓展与文化功能相匹配的文化创意空间，搭建数字乡村文化创意平台，探索数字乡村文化建设的多种模式与形态，成为实现乡村文化振兴的主力军。

农家书屋数字化建设，是指对农家书屋原有的大部分纸质出版物进行压缩处理、使之转化为数字化信息，形成以数字出版物为主的模式。数字化农家书屋主要提供数字化资源及数字化的管理和服务，改变以往用户只有去书屋才能获取资源的被动服务模式。随着数字技术的发展，农家书屋也逐渐由单一的阅读休闲功能扩展为搭载政务、电商、社区等的多项功能。

二、特征

农家书屋承载着文化建设功能。新媒体时代，农民的文化学习不应只局限于书籍阅读，农家书屋也不能固步自封地停留在阅读服务提供上，而应积极探索阅读服务之上的文化建设，助推乡村文化自我造血和主动输出。与此同时，农民不应该只是文化产品的被动接受者，而应该成为乡村文化建设的主体，既扮演文化消费者也扮演文化生产创作者的角色。当代农民已经具备文化表达和创作的潜在意识与基本能力，政府和社会组织应当帮助农民培育、引导、升级文化表达和创作的能力与渠道。整合乡村出版资源和作者队伍，构建新时代乡村话语体系，需要把与农家书屋配备的出版物选题深深扎根于乡村文化发展问题中，真正确保接地气、有新意，并将乡村种养殖户、手工艺者、非物质文化遗产传承者等纳入出版创作队伍。

农家书屋是催生乡村文化创意的节点、纽带和平台。农家书屋作为一种文化平台，可以助力乡村地区进一步挖掘民间传统文化资源、创新文化展示形态，引领乡民温习和传承民间艺术、方言文化、手工技艺等传统文化，探寻新的表现形式和传播载体，使之具有较强的时代性、较高的原创性和较广的传播性，从而促进人们深入了解当地的历史、风俗与文化，增强对家乡文化的认同感，使具有浓郁地方特色的乡村文化焕发新的生机与活力，在丰富乡民精神世界的同时，有效提升他们的文化自信，乡村特色文化、乡村故事、农民网红、带货直播、农村读物出版、农民自出版等，都可以作为农家书屋振兴乡村文化的活动选项。

三、应用

（一）山东乳山点单式配书激活农家书屋

山东乳山全市共有271个农家书屋，共藏书50多万册，但是书籍的选择没有考虑村民的实际情况，村民普遍反映看不懂、不爱看，以至于图书利用率不高。图书选购采取点单式服务之后，激活了农家书屋，将国家、省的重点推荐图书目录制作成一张"图书点单一览表"，包含了政经类、科技类、少儿类、文化类等6个大类、近2 500种图书，让村民根据自身的阅读需求和喜好自由选择，通过回收统计村民的阅读需求，确定各村农家书屋最终的图书采购表，由招标单位统一采购、下发。这种方式激活了农家书屋的人气，提高了村民的读书热情。

（二）江苏泗阳"农家书屋+村淘"既富脑袋又鼓口袋

江苏省宿迁市泗阳县卢集镇成河社区结合农房改善项目，大力推广"农家书屋+村淘"服务平台建设，建立配套农家书屋和电子阅览室、新时代文明实践站、志愿服务驿站等功能室，成立"e心助农"电商扶贫、"一技之长"科技兴农等特色志愿服务队伍，让农民有书读、有事做。成河社区依托当地民俗风情和乡土文化，运用地形造景等美学和园艺核心技术,开发具有可持续发展能力的生态旅游和休闲观光农业,紧扣"绿色、经济、文化"主题,打造"湖光花海梦田园"的新时代文明实践基地。依托桃果展示区、集群中心和生态村等,打造集桃果展示、电商交易、田间教学、农事体验、生态采摘、民宿餐饮、休闲小品和科普教育等功能于一体的绿色桃果大公园,初步形成独具特色的经济示范园、观光旅游园和有机生态园。电商桃农把桃子原生态的生长环境、泗阳桃花节、卢集镇成子湖传说等深厚的文化底蕴元素拍成视频在网上进行直播,并设计创意包装,吸引众多商家订购。

(三)辽宁省锦州市创办"三点半"留守儿童图书馆

辽宁省锦州市太和区刘家村小学为解决学生放学后无人照料、存在安全隐患的问题,依托农家书屋创办了"三点半"留守儿童图书室,为周边中小学生解决了"三点半"难题,受到了学生家长的好评,同时也可以帮助孩子们养成良好的阅读习惯。

(四)因地制宜的"1+N"型农家书屋

山东省淄博高青县常家镇蓑衣樊村阅享田园特色主题农家书屋,作为"农家书屋+旅游公司"建设管理模式的代表,同时举办民俗实物展览、非遗技艺展演,展示了当地独特的风俗文化,并结合当地旅游特色开展阅读推广活动。在淄博,"农家书屋+社区课堂""农家书屋+名人故居""农家书屋+游客中心"等"1+N"型农家书屋随处可见。这种管理模式实现了公共文化服务效能的大幅提升,N种主题阅读推广活动也让农民群众喜闻乐见。

目前,我国直接面向农业、农村、农民的"三农"信息化建设还相对滞后,尤其是面向农民的项目和服务。主要表现在:面向"三农"的信息资源匮乏、质量不高;农民的文化知识水平不高,信息素养较低,运用网络获取信息、鉴别虚假信息的能力相对较弱;由于资金不足、人才短缺、规划落后、地域分散等原因,农村网络设施比较薄弱。这些都严重制约了农业图书馆服务"三农"的进程。农业图书馆在服务"三农"方面,具有人才、技术和资源等优势,应当引领"三农"信息化建设潮流,积极探索服务"三农"的途径与方式。农业图书馆为"三农"服务的基本目标是:以农民为发展主体,以制度创新为保障,以组织创新为突破口,建立可持续发展的运行机制。

参考文献

曹瑞青,2005.浅谈虚拟图书馆的特征和信息服务[J].广东交通职业技术学院学报,4(4):109-112,116.

陈晋,2002.我国虚拟图书馆研究综述[J].图书馆建设(5):70-72.

陈清,漆良蕾,张小燕,等,2017.数字图书馆建设与服务[M].南昌:红星电子音像出版社.

邓琦闰,2020.数字图书馆在农业信息服务体系中的价值探讨[J].南方农机,51(16):11-12.

邓元玲,2020.农家书屋数字化发展研究[J].现代营销(经营版)(8):32-33.

高天磊,2014."真人图书馆"服务实践探析:以山东省图书馆为例[J].山东图书馆学刊(4):70-73.

郝芳,2020.数字图书馆服务管理研究[M].天津:天津科学技术出版社.

何明祥,孙耀,岳广飞,2010."以农为本"的图书馆个性化信息服务平台架构的研究[J].现代情报,30(3):58-60.

洪亮,周莉娜,陈珑绮,2018.大数据驱动的图书馆智慧信息服务体系构建研究[J].图书与情报(2):8-15,23.

胡军,张明涛,杨晓农,2004.虚拟图书馆浅探[J].现代情报,24(3):27-29.

胡群,2010.高校图书馆信息共享空间模型设计及实例分析[D].淄博:山东理工大学.

李民,2002.虚拟图书馆解读[J].山东图书馆季刊(4):121-122.

李昕,2006.虚拟图书馆解读[J].情报探索(2):8-10.

李旭芬,赵建友,2014.虚拟现实图书馆[M].西安:西北工业大学出版社.

李携,2000.关于电子图书馆、数字图书馆和虚拟图书馆的思考[J].图书情报论坛(1):2-5,42.

刘金涛,2014.从信息资源支持到融入学习进程:香港高校图书馆信息共享空间建设发展进程考察及启示[J].图书馆论坛(4):135-140.

罗建军,曾英,文红霞,等,2017.浅谈省级农科院数字图书馆的建设

[J].农业网络信息(10):65-68.

孟璐,2020.面向用户需求的高校图书馆智慧门户评价体系[J].科教导刊(19):178-179.

潘梅,2019.虚拟现实技术在图书馆中的应用前景分析[J].才智(19):236.

邱庆东,2015.大数据时代智慧图书馆建设探析[J].四川图书馆学报(6):12-15.

任杰,2014.真人图书馆服务案例研究:以上海交通大学"鲜悦Living Library"为例[J].新世纪图书馆(4):52-56.

唐敏,2019.数字图书馆理论与实践研究[M].延吉:延边大学出版社.

唐野琛,2013.我国真人图书馆发展现状、问题及对策研究[J].图书馆建设(1):45-48,52.

唐莹,黄尧,曹小宇,等,2016.基于CSA模式的都市农业创客空间构建研究[J].情报探索(6):23-27.

汪冰,1997.电子图书馆理论与实践研究[M].北京:北京图书馆出版社.

王德川,赵瑞雪,寇远涛,等,2017.国家农业图书馆"双创"服务探索[J].数字图书馆论坛(2):52-58.

文红霞,罗建军,谢小新,等,2020.新信息技术背景下农业图书馆的智慧化建设探究[J].信息记录材料,21(7):115-117.

乌恩,2012.智慧图书馆及其服务模式的构建[J].情报资料工作(5):102-104.

吴娟,李雪琴,2014.智慧图书馆智能服务平台的构建[J].中华医学图书情报杂志,23(5):1-4.

吴军,2020.全媒体环境下虚拟图书馆的构建研究[M].北京:新华出版社.

伍茂戎,2010.浅论农业院校图书馆网站建设与服务"三农"[J].农业图书情报学刊,22(8):29-34.

向勇,2018-03-17.乡村振兴战略下的文化创新与创意营造[N].中国文化报(5).

徐宽,2019.数字图书馆概论[M].长春:东北师范大学出版社.

徐志,2016.基于转型思维的图书馆新业态研究[J].农业图书情报学刊,28(3):77-79.

杨爱英，徐军锋，2020.新一代图书馆系统案例研究：以重庆大学智慧图书馆为例［J］.高校图书馆工作，40（2）：51-53.

杨杉杉，2019.智慧图书馆建设视域下的农学信息资源管理研究［J］.农村经济与科技，30（2）：272，276.

杨忠伟，2013.新时期农职院校图书馆服务"三农"的途径：以黑龙江农业经济职业学院为例［J］.中国科技信息（8）：180.

尹章池，张璐瑶，2020.农家书屋振兴乡村文化的新使命、延伸功能和创新形式［J］.中国编辑（8）：26-30.

曾翠，盛小平，2009.国外信息共享空间研究进展［J］.情报杂志，28（12）：70-73，109.

张雪，2019-11-13.配齐20种不同的阅读场景，中国农大新图书馆成网红［EB/OL］.https://ie.bjd.com.cn/5b165687a010550e5ddc0e6a/contentApp/5b.16573ae4b02a9fe2d558fg/AP5dcb79e9e4b0a84327682539.html.

张孝飞，冯云，蒲伟华，等，2019.虚拟现实技术在图书馆服务创新中的应用前景探析［J］.图书馆工作与研究（6）：79-85，107.

张真一，2014.真人图书馆在我国的发展瓶颈与对策［J］.图书与情报（4）：132-135.

赵丹丹，杨娜，朱卫华，等，2012.云南农业数字图书馆建设与思考［J］.云南农业大学学报（1）：62-67.

赵军，2019.数字图书馆［M］.杨凌：西北农林科技大学出版社.

郑莹，丰玮，2009.谈农业院校图书馆如何做好"三农"信息服务［J］.科技情报开发与经济，19（8）：83-84.

中国教育装备采购网，2018-6-14.虚拟图书馆读者可视化搜索汕头大学案例［EB/OL］.https://www.caigou.com.cn/news/2018061432.shtml.

第六章 "互联网+"农业图书馆的新模式

在当前农业图书馆所处的环境中，现代信息技术尤其是计算机技术、移动互联网技术的飞速发展，知识整合、管理和传播的方式也随之发生了改变。信息技术的普及和发展改变了用户获取信息的途径和习惯，迫使图书馆做出巨大调整和改变，从服务方式上来看，图书馆转变服务理念、创新服务模式，从传统的参考咨询服务提升为面向用户的个性化知识服务。可见，随着信息环境的变化，用户信息行为也发生变化，故而催生了图书馆运用新技术、新理念创新当前服务模式的需求。在此背景下，农业图书馆如何抓住发展机遇，基于传统服务模式拓展新的服务内容，运用新技术再造新模式服务新发展，是关乎未来可持续发展的重要一环。

"互联网+"时代，现代信息科技日新月异，数字化、网络化、智能化、信息化的发展趋势，从根本上转变了图书馆信息收集、加工、传播和利用的方式方法，图书馆只有树立新发展理念，重新规划部署业务机构与业务流程，变革现有管理与服务模式，建立新的管理体制和服务模式，才能赢得新一轮的发展。

第一节 农业图书馆管理模式的变革

传统的图书馆管理是完成图书文献的分类上架及"借还"，是封闭式、经验式、被动式的管理，资源利用率低，用户利用不方便。随着社会发展、科技进步，多种新形式的图书馆，如数字图书馆、虚拟图书馆等迅猛发展，冲击着传统图书馆的管理模式，引发了传统图书馆管理的一系列变革。对此，许多学者提出了新的管理方案：图书馆知识管理模式、图书馆资源管理模式、图书馆数字化管理模式、服务主导型管理模式等。尽管不同学者提出的新管理模式理念和侧重点不同，但它们都遵循着"以人为本"的核心。

一、知识管理模式

图书馆管理是运用现代管理学的相关原理,通过计划、组织、协调、控制、指挥等活动,合理分配和使用图书馆的各种资源,完成图书馆任务,达到图书馆预期目标和最佳效益的工作过程。知识管理就是对图书馆的各种隐性和显性知识收集、整理、加工、存储、利用的过程,充分满足用户对知识的需求,最终达到优化资源配置的目标。从出发点来看,知识管理即是把知识看作最重要的资源,以最大限度地获取、利用知识作为提高组织竞争力的关键。因此,实现图书馆的知识管理,就要将原有知识进行细分、加工、再利用,并提高馆员的信息素养、知识水平和服务意识,整合工作内容与用户需求,形成一个协同共生的知识共享循环系统。

二、资源管理模式

图书馆的资源管理模式即是整合图书馆信息资源、人力资源和物资资源,从而形成一个兼容、一体的管理体系。图书馆的资源管理除了信息的收集、加工和存储,更重要的是馆员对现有资源的创新与开发利用,根据信息资源的无缝链接和利用信息产生的各类分析报告,从而体现图书馆资源的创新价值。图书馆人力资源的管理则是要加强馆员的业务培训,以新观念、新方法、新技术来调动馆员工作积极性,增强创造意识,全方位提高服务意识。图书馆的物资管理就是对馆内的藏书及相关设施设备进行合理的保管、调配和维护。图书馆资源管理模式是以人力资源管理为核心,充分发挥人的主观能动性,将信息资源管理与物资资源管理融合在一起,最终达到提高管理效率的目的。

三、数字化管理模式

图书馆数字化管理是指通过计算机及网络技术将信息资源以规范化、数字化方式存储于计算机中,并集成信息加工、存储、管理、产权保护与检索利用等综合技术,从而服务于用户。图书馆数字化管理具有资源数字化、传递网络化、利用共享化的特点。资源数字化是将非数字的资源信息转化为计算机存储的二进制代码,并实现数字资源信息的网络化管理;资源传递网络化是通过计算机技术和网络技术实现数字资源信息的传播;资源利用共享化是指用户通过网络在资源库中浏览、检索,并下载获取所需信息,以实现数字图书馆时代多用户、多地域的资源共享。随着"互联网+"时代的到来,图书馆数字化建设与管理已取得了突破性进展,馆际互借、文献传递、联机检索、VR视觉等都是较为成熟的数字化建设成果。

四、服务主导型管理模式

服务主导型管理模式以"用户第一、服务至上"为管理理念,以管理的互动性、服务性、高效性、系统性和开发性为目标。在实际工作中要转变管理理念、明确管理目标;完善管理机制、提高管理效率;创新管理方式、提升管理活力;强抓管理队伍、保障管理实施;拓宽管理领域、创新管理模式。将"用户为中心"的管理原则贯穿在图书馆的整个管理流程中,实现图书馆整体的优化和升级。

农业图书馆馆员的知识结构大都是由农学专业构成,随着近几年图书情报学科的发展,才有部分图书情报学科的专业人才输入,大量的馆员仍停留在传统的岗位上,而管理模式重置的第一步就是要变革人才结构与部门设置。建立高水平的学科服务团队与专业服务队伍,以承担起对农业科研有着直接影响的学科服务工作,确保学科发展规划的前瞻性,实现满足农业机构科研发展的特殊要求。由拥有各种专业背景的学科馆员开展全方位多形式的个性化服务,由浅入深、由实体到虚拟,切实做到现场有咨询、幕后有分析的渐进式、阶梯式管理。

从农业图书馆的发展现状来看,技术是其发展历史最薄弱的一环,而技术的进步往往是图书馆更好发挥其职能的最强助力。对图书馆来说,新技术最终是要应用在改进服务方式、提高服务效率、丰富图书馆服务的体验上,不仅仅只是停留在门户网站制作及局域网管理上。农业图书馆必须紧密依托已有的数字图书馆,以及自购、自建数据库、其他文献资源共享服务网,充分利用移动互联网、大数据等新兴技术,在现有设备基础上进一步增强服务功能,开展高效高质的文献服务工作,提高智能管理水平。

第二节 农业图书馆服务模式的变革

随着信息高速公路的出现,信息传输速度加快,网络信息资源共享日益方便,各种信息服务机构不断涌现,信息过剩已经替代信息匮乏,图书馆长期形成的垄断性服务正在逐渐丧失。进入21世纪以来,知识经济已经成为社会经济发展的原动力,社会对知识的强烈需求,促使传统图书馆的运行机制发生根本性的变化,出现了新型服务模式的雏形:图书馆服务的核心从满足书刊借阅为主的文献需求转变为以满足知识信息需求为主、以知识开发服务为主要功能的知识需求。

"互联网+"带来全新的信息环境,新的知识组织方式带来新的机遇,"互联网+"新环境激发图书馆服务模式的重塑与转型升级。基于用户本位逻辑、平台载体的创新应用、借助营销思维、大数据分析与个性化定制服务等,面向未来发展新路径,"互联网+"时代下的图书馆更加突出的是知识、能力、资源和数据的综合提取与挖掘应用,应基于开放式的、动态弹性的创新理念和协同应用思维,基于纵横资源整合和智慧化、人性化层面,推动图书馆服务模式的整体升级与创新发展。网络环境下图书馆服务形成了开放型、主动型、有偿型和知识密集型等多种新的服务模式。

一、开放型服务模式

图书馆开始走出馆舍走向社会,主动挖掘并满足社会需求,通过各种阅读、展览活动吸引读者,另外面向网络环境,摆脱了传统文献处理的限制,在信息的采集、加工、组织、服务等方面,建立了辐射型的开放服务系统,以新的方式组织、控制、选择、传播信息。图书馆利用网络环境和设施,建立新型的信息共享空间和创客空间,扩大用户范围和领域,资源利用率得以翻倍提升。

二、主动型与针对型服务相结合

面对用户的不同信息需求,图书馆的服务已经走出图书馆,走向社会、面对个人开展主动信息服务。在做好阵地服务的同时,图书馆利用资源优势,采用主动型的服务方式,为不同类别用户提供不同层次的服务。而随着社会的发展,信息社会的建立,图书馆也紧密地配合社会需求组织各类阅读、朗诵、珍贵文献展等文化推广活动,利用微信公众号、小程序、多媒体手段等进行宣传,让更多读者了解、参与特色活动,增加与读者互动的机会,提高针对性活动的服务质量。

三、有偿服务与无偿服务相结合

在市场经济发展的过程中,图书馆也遭受过"创收"的压力,经过实践证明，公益性是图书馆的属性，无偿服务是图书馆事业发展永恒的主题。在做好公益性服务的同时，开展部分有偿服务作为图书馆服务的扩展和补充，提升图书馆自我生存和发展能力，也能充分满足用户的信息需求，更好地服务于社会，现在有偿服务和无偿服务的结合发展也已经得到了社会和用户的高度认可。图书馆文创是近年来新兴起的一种文化创意产业，将文化元素有机融入既实用又有趣的物品中以供大家挑选购买，无形之中亦提升图书馆的人气，也促进了文化创意产业的发展。

四、知识密集型服务模式

随着知识需求的变化，社会需要信息的深层次加工，身处知识密集型行业，图书馆的信息资源加工颗粒度更加精细化。从以文献单元为主的加工深入到以知识单元为主的加工，图书馆的服务内容也将从单纯的借还服务，转变为多层次的信息咨询、加工、组织、传播，从而产生新型的图书馆信息服务人员。在此背景下，作为信息经纪人，图书馆员需要在信息服务的每个环节增加智力投入，发挥中介及增值作用。知识经济时代是一个高科技产业、知识密集型产业地位不断上升的时代，而图书馆身处知识密集型大环境下，意味着它在知识经济时代必将扮演重要的角色。

农业图书馆应充分利用下一代互联网、云计算、5G 等新兴技术，开展移动阅读服务，在现有设备的基础上增加服务设备、创新服务模式。服务模式的创新可以从增加虚拟服务空间、减少物理服务量着手，利用微信公众号、电子邮箱开展定时交互式虚拟参考咨询服务、线上咨询及问答；利用 5G 及移动网络增加图书馆载体形式，例如，手机图书馆、掌上图书馆等，使随时随地的移动服务成为可能；借助图书情报学会及各种联盟平台的资源优势，拓展新业务、新服务。

此外，农业图书馆也要顺应时代发展的潮流和趋势，积极创新服务思路，探索服务模式，在海量信息数据的收集和存储基础上，实现图书馆各服务系统之间的感知与互联互通，从而达到图书信息资源的共享和优化管理。

第三节 农业图书馆运营模式的变革

我国的图书馆事业是由不同主管机构、不同学科类型、不同层次级别、相对各自独立的千万个基层图书馆组成，具有非常显著的多层次性。农业图书馆包括农业科研机构图书馆、农业高校图书馆、职业院校图书馆、基层乡镇村图书馆、图书室、民营图书馆、书店、私人书吧等，运营模式的基本特点是块状分化、各自为政，这就导致图书馆内部产生了非常严重的分化现象，图书馆运营模式的创新将是决定图书馆在社会发展中地位的关键因素。

一、公益化主导

图书馆的本质属性就是社会公益性，是传播知识、普及科学的重要平台，多年来图书馆的公益性已经得到了社会的认可，并将继续延续。《中华人民共和国公共图书馆法》也在2018年1月1日颁布实施，其中明确规定"本法所称公共图书馆，是指向社会公众免费开放，收集、整理、保存文献信息并提供查询、借阅及相关服务，开展社会教育的公共文化设施。"图书馆资源的充分利用所产生的外在社会效应主要包含3个方面：首先，推动了我国人民科学文化水平以及思想道德素质的总体提升；其次，图书馆事业的日趋公益化，代表着社会正在不断进步，公益观念的强化也就是自身存在强化的基础；最后，我国图书馆实施公益化的管理，顺应了时代以及国际的发展。图书馆只有实施公益化运营管理，做好公益性服务工作，才可以让用户获得更多与知识、信息相遇的机会，共享文化成果。尤其对于农业图书馆而言，在用户对象以农民为主要构成元素的现实条件下，公益阅读会使图书馆的阅读推广事业事半功倍。

二、社会化服务

图书馆面向社会大众提供服务，一方面将文献资源建设以及为用户提供优质服务看作是一种资产管理行为，在政府政策的支持下，实现图书馆服务的免费化。另一方面，利用图书馆构建的文化传播平台，为社会提供开放服务，提高全民素养，促进精神文明建设。一些民间图书馆、农家书屋等也应运而生，为周边百姓搭建了科技、信息、文化平台，火爆开场、鲜活一时，虽然存在着长期发展难以为继的问题，但也在特定时期为周边文化传播做出了贡献，社会有需求市场就会有响应，长期看这类图书馆还会适应社会大众需求而常换常新，此起彼伏。

三、突出专业导向

农业图书馆就是要突出自己的专业导向，围绕服务"三农"、助力"三农"这个中心开展工作；农业高校图书馆则以服务教学为导向，以教师和学生为中心，开展数据库订购、文献检索、培训、读者服务等工作；科研机构图书馆以服务科研为导向，关键词是专家、课题项目、科技人员，学科服务、知识服务是工作重点；村镇图书室以丰富村民精神文化生活为导向，关键词是农民、农村，信息传播、技术科普是工作重点，不同的专业导向和服务对象创造不同的服务模式。

四、品牌化运营

图书馆应当转变传统观念，变换职能，按照"政府购买服务"的思路引导图书馆走上健康可持续发展的新兴运营方式，运用市场化思维创新运营模式。当前科研机构图书馆的运营经费大部分是来自国家财政拨款，这远远不能满足现代图书馆的发展速度，由于资金短缺导致图书馆服务模式老化，数据库、新技术、新设备等难以更新。图书馆新馆建设一般都具备文创产品展示区、视听娱乐文化区、饮食休闲区、自习空间等，为图书馆的运营注入新鲜的血液，既丰富了图书馆的阅读体验，又增进了图书馆的实体收益，让图书馆的文化市场尽快苏醒繁荣起来。在坚持图书馆公益性服务原则的前提下，图书馆利用自身优势开展连锁店式经营模式、品牌化运作，以图书销售、线上、线下活动、销售文创产品等吸引读者，有助于提升图书馆的服务与管理水平。

图书馆在寻求外界经费支持的基础上，也需要转变自身的运营模式，以自我发展创新变革实现自救，将文化知识转化为现实生产力。图书馆在坚持公益性服务原则的前提下，探索将所有权与运营权适当分开，利用市场经济驱动力开展企业化运营，助力实现以人为本与用户至上的服务目标，从而更好地提升图书馆社会形象和服务水平。此外，随着社会的进步和发展，图书馆的存在形态将从依附性转变为相对独立性，在市场经济的冲击下，传统图书馆的各个工作环节、运作流程以及用户服务都极有可能转变为独立运作的经济实体，处于图书馆平台上的相关经济与利益实体将会遵循市场机制协同发展。

第四节 "互联网+"农业图书馆新模式的实践

一、孪生图书馆

孪生图书馆（Digital Twin Library，DTL）是指6G时代在虚拟信息空间中构建与图书馆物理实体完全映射的数字孪生模型，且在"人—机—物—环境"智能交互融合环境中实现其虚拟模型—物理实体的实时双向映射的一种未来图书馆新模式。其本质是构建与图书馆物理实体完全对应的数字化技术、过程与方法，主要包括3个部分：图书馆物理实体（含图书馆、资源与用户等）、图书馆数字孪生模型、物理实体与数字孪生模型之间的数据与信息交互通道（含数据与数字孪生体系）。

孪生图书馆强调的是其现实图书馆与数字孪生模型之间的数据、信息与知识交互和连接作用，目的是实现虚实一致，实现其全生命周期管理与服务过程的闭环效应。在具体构建过程中，其数字孪生模型是图书馆物理实体在虚拟空间中的延伸与拓展，需要将数字孪生理念与技术通过图书馆服务要素管理、服务活动计划、服务过程管控，甚至对图书馆上下游建设、管理与服务资源之间的全方位、全角度、全频域、全要素、全时空、全流程的数据集成融合、跟踪分析与实时双向映射过程。

二、24小时图书馆

24小时图书馆顾名思义就是全天24小时均可向用户提供借阅服务的新型图书馆，这里采用电子信息技术自动借还图书，而不是人工服务，从而保证全天的不间断服务。新的借阅方式吸引了一部分读者对"新、奇、特"形式的追求，仅仅通过自助机就可以实现借书与还书的手续；同时也方便了那些上班族没有时间借书，或者图书逾期面临超期罚款的用户，使读者得到了最大的便利。

24小时图书馆，亦被称为"隐形图书馆"，通过融入现代信息技术，即可完全实现传统图书馆的功能而无须占用人力资源。从功能性来看，24小时图书馆实现了办证、借还、馆藏图书检索等的人工智能，功能全面且实现远程监控，及时解决出现的故障；从社会性来看，24小时图书馆节约了社会资源，实现了社会图书资源的优化配置。政府在政策上对于24

小时图书馆的建设也起到一定的推动作用,《"十三五"时期全国公共图书馆事业发展规划》中明确提出"建设城市24小时阅读服务空间,因地制宜设置自助图书设备,开展办证、阅览、外借等24小时图书馆服务。"现如今,24小时图书馆在我国全面铺开,已经在30多个城市当中进行推广。

三、荒岛图书馆

荒岛图书馆是我国近年来兴起的一种民间社区公益图书馆,其运营模式、管理制度、造血策略等方面都有着创新性。荒岛图书馆的概念最早来源于《城市画报》的编辑总监刘琼雄先生,是一种基于公益概念建设而成的图书馆。荒岛图书馆即是在忙碌的都市里自建"有价值闲置图书"的共享平台,从而开辟一个犹如汪洋中荒岛那样安静、便利可以阅读的地方。作为非营利性公益图书馆,荒岛图书馆分布在各个城市社区,以供市民免费借阅书籍。其书籍主要靠社会捐书运作,市民捐赠、寄存、寄售10本书籍即可成会员,免费借阅这里的图书,而书籍编号的末三位代表着不同的捐赠者,每一位捐书人都会在其所捐书籍中留下永久的记号。另外,在此义卖的图书每本不能超过15元,卖书收益的10%也会捐到公益基金中去。

荒岛图书馆定位是以Web2.0互动形式存在的民间公益社区型图书馆,它不依赖于政府,是完全由企业和个人多方共建的开放性阅读与公益文化平台。时至今日,荒岛图书馆已从2009年广州市小洲村的一所小馆发展到遍布全国42个城市共计105家的图书馆群体。2013年5月,荒岛图书馆的社区版"乐岛图书馆"因其创新性和可持续性,成为"汇丰广东社区服务计划"典型社区服务案例。

四、邻里图书馆

邻里图书馆全称为"'千家万户'阅暖工程——邻里图书馆"项目,由佛山市图书馆馆于2018年启动,旨在通过出台激励政策、规范管理、开展业务指导等措施,帮助市民在家中建立小型图书馆并对外开展服务,邻里、亲人、朋友、陌生人都可以走进邻里图书馆借阅图书、参加阅读分享活动,具有阅读推广、书刊借阅、参考咨询等多重职能。该项目在制度设计上充分发动社会参与、引入治理理念,引导用户自主管理,取得了显著的社会效益,受到市民的热烈欢迎;在营销策略上,运用4P理论强化服务质量、成本控制、营销渠道、营销手段，取得了较好的营销效果，不仅提升了邻里图书馆项目本身的影响力，也提升了全市图书馆的形象。

2020年7月22日，国际图书馆协会联合会（IFLA，简称"国际图联"）公布2020年国际营销奖的获奖名单，邻里图书馆项目荣获第一名，这是我国公共图书馆首次获得该奖项桂冠。同时，这也是佛山市图书馆在继2018年摘得国际图联"绿色图书馆"桂冠后获得的又一个国际奖项。

五、青番茄图书馆

作为基于现代网络与物流的"免费网上图书馆"，青番茄图书馆由深圳青番茄文化传播有限公司创办于2010年5月，图书馆采取"中文网上实体图书馆"的模式，为用户提供免费借阅、送书、还书上门服务。作为非营利性企业，青番茄图书馆对个人用户免费开放，其运营主要是通过实体图书馆、服务系统、广告费、企业会费等。青番茄图书馆定位为网络实体图书馆，其目的在于弥补现阶段公共图书馆的服务短板，因此与传统图书馆或者书店并不是简单的竞争关系，而是同为一体的。

青番茄图书馆的用户群可分为个人用户和企业用户两种，其运营模式概括地说就是互联网＋实体书店：通过打造线上图书馆，为个人用户免费提供图书借阅和派送服务，并辅以线下活动、广告等获取收益；为企业客户提供企业图书馆建设等付费增值服务以获得盈利。对个人用户而言，青番茄主打免费牌，个人用户注册登录青番茄官网并支付押金后，即可根据"阅读尺码"借阅书籍，借阅全程（包括送书取书等）均免费；对企业用户而言，青番茄采用图书馆共建的方式，向企业收取几千元至几万元不等的年费以为企业构筑一个外包式的图书馆，即"每企一馆"。"每企一馆"依托互联网以优质书籍为载体，是集企业图书馆、企业学院等多功能于一体的新式网络图书馆平台。青番茄图书馆的运营模式实现了用商业的模式做公益的事情，这对公共图书馆的发展思路具有重要的启示意义。

六、青树乡村图书馆

美国青树教育基金会是2001年由赵耀渝教授（Dr. Faith Chao）及海外侨胞在美国加州旧金山创立的非营利组织，其宗旨是通过帮助中国乡村建立现代化图书馆，提升农村人群的信息素养，助力乡村地区教育、社会、经济和文化的发展。从2002年至今，青树在青海、甘肃、陕西、江苏、贵州、云南和山西等地帮助建立了一批图书馆，开展了丰富多彩的服务活动。目前，青树援助的大部分学校图书馆处在阅读推广和图书馆辅助教学的阶段，个别发展较成熟的学校图书馆开始了系统地服务社区的项目；青树援助的公共和社区图书馆比较少，大部分处在基本服务建设阶段，个别发展比较成熟的公共图书馆（如甘肃通渭图书馆）已经在拓展服务方面做了不少尝试。

青树所构建的区域图书馆体系根据其发展阶段，可能仅仅是学校图书馆体系，或是公共图书馆体系，或二者并存。一旦图书馆体系构建完成，中心图书馆开始拓展服务尝试时，在一个图书馆体系内部，或者在学校和公共图书馆体系之间可以协同开展项目。针对乡村地区的需求，这些项目以基本信息素养培训（阅读能力培养、信息技术培训）为基础，衍生出其他各项技能的教育和培训，如农村实用技术、文化保护和传承、卫生健康教育和法制教育等。

七、"心连心"农民图书馆

山西省左权县麻田镇上麻田村村民张小宝的"心连心图书馆"成立于2000年，坐落于太行山八路军总部纪念馆一侧不远的家庭小院里，图书馆面积有500多平方米，藏书已超过3万册。为了吸引更多的村民来图书馆看书，张小宝把自家房子重新翻修，新起了两层楼，一层是他的图书馆，二层是一间民俗博物馆，专门陈列出数百件民俗物品。2011年，在心平公益基金会资助的"乡村图书馆、校园图书角、家庭书架网建设"一期项目中，张小宝的"心连心家庭图书馆"被选为项目资助点。

麻田"心连心"农民图书馆是山西省第一家私人民间图书馆，拥有3万余册书籍，包括一些绝版历史书籍，规模不大，但却可以服务当地及周边5 000多名村民，图书馆甚至吸引了紧邻麻田村的长治市、河北涉县和黎城等地的村民前来阅读。

八、"猫耳"公益图书馆

"猫耳"图书馆，创办于2012年4月，是南京一间小小的民间草根图书馆，旨在推广"根在南京的公益阅读"，立足于社区，尽力散播自己最大的能量和影响力，在人们心间种下热爱阅读的种子，倡导能够安静聆听内心的慢生活。

"猫耳"图书馆散发的书香在无形中陶冶着当地居民，吸引了大量爱书人士，滋养着一座城市的文化氛围。该公益图书馆的诞生和发展得力于书友们的无私奉献，以及社区的大力支持。因此，要让"猫耳"图书馆遍地开花，不仅需要动员更多的民间力量，更需要政府部门主动为书友们提供必要的帮助，促成双方的良好合作。"猫耳"图书馆不仅提供书籍借阅服务，还很注重书友间的交流和互动。现在已经衍生了猫耳慢走团、猫耳手工课、猫耳分享会、猫耳画报等项目。

九、天一约书

随着互联网技术的发展，公共图书馆在提升图书馆服务效能方面不断探索新的发展路径，充分融合公共图书馆服务和信用体系建设，实现双赢式发展目标。2017 年 11 月，宁波市图书馆结合本地实际，推出了"天一约书"服务，该服务主要有邮政快递 1 对 1、智能书柜 1 对 N、社区网格 N 对 N 3 种模式。

"天一约书"服务以第三方信用体系为依托，以芝麻信用 550 分作为准入标准，只要信用达到 550 分，图书馆业务系统后台就同步为用户免押金开通虚拟卡号，使之成为图书馆的信用读者。同时，该服务运用"互联网+"与"物联网+"的先进技术成果，实现了公共图书馆传统借阅服务和物流网络的无缝对接，信用读者用户直接线上搜索并借阅图书，进而经由物流系统送书上门，实现了"手指点点、邮书到家"的公共文化服务新模式。它提升了读者个性化、多元化阅读需求的满意度，给图书馆的服务注入了新的活力，是"信用时代"公共图书馆服务实践的一次有益探索。

第五节 "互联网+"农业图书馆新模式发展思考

"互联网+"的创新实践应用，为农业图书馆拓展服务新空间、建构服务新模式提供了操作可能。但是，"互联网+"时代下的农业图书馆更加突出的是知识、能力、资源与数据的综合提取与挖掘应用，需要确立一种开放式的、动态弹性的创新理念和协同应用思维，以此确保"互联网+"下的农业图书馆服务能够融合大数据、云计算和移动互联网环境而实现真正的自由流通和开放共享提取。

一、加强馆员业务培训，提升馆员信息素养水平

馆员是图书馆服务链条中非常重要的一个环节，作为图书馆工作的组织者和管理者，在馆藏资源与读者之间起到媒介和连接作用，因此馆员信息素养水平和业务素质的高低直接影响图书馆的服务水平。尤其在"互联网+"时代，图书馆事业发展需要具备互联网技术和互联网思维的人才，对于农业图书馆来讲，随着馆员队伍结构的日趋合理化，图书馆服务模式的转型势在必行，图书馆员应尽快从传统思维中解放出来，培养自主学习能力，提升自身的信息素养水平、业务能力和创新能力。"互联网+"时代的图书馆员，不仅仅应具备信息检索、分析与利用等业务能力，更需要数据分析、数据挖掘和与其他行业深度融合的专业知识与能力。

二、强化馆际协同互动共享，加快与相关行业深度融合

开放生态、连接一切是"互联网+"的两个重要特征，基于网络环境的开放性，图书馆发展有着更广阔的空间，如实现数据的流动、资源的跨馆保障、基于关联数据的资源揭示、流程的跨平台衔接、高价值大数据的形成、多级社区与联盟的支持、智慧图书馆和城市的融合等。"互联网+"环境下的农业图书馆服务范围不断扩展，业务重心由资源建设与利用拓展转移到以用户为中心的嵌入式的知识服务。服务方式也突破了传统线下服务空间和时间的限定，实现了线上与线下服务的结合。因此，建立健全数字服务平台，整合人力物力资源，促进资源共建共享和联合服务，构建开放的资源体系，加快与相关行业的深度融合，实现农业图书馆服务向跨界融合服务发展，这是适应当前信息环境的必然之举。

三、注重用户体验，创建个性化用户服务

以用户为中心，以需求为导向，全心全意为用户服务是图书馆人秉承的宗旨和理念。在当前的"互联网+"环境下，各种新技术新设备的推出日新月异，图书馆也一直和互联网做加法，农业图书馆大都引进新的技术和设备提升传统服务，改善阅览环境，推出IC空间、创客空间等服务。在用户服务工作中，基于用户思维，注重用户参与，这体现了图书馆服务中的人文精神。但在"互联网+"环境下，用户的阅读方式、文献和信息获取方式发生了很大变化，用户服务工作更加突出主动性、层次性和个性

化。阅读推广更注重与社会热点问题结合,提高推广活动与用户需求的契合度,更加注重用户参与和反馈。在学习和科研支持等图书馆服务工作中,要根据不同的读者群体,提供分层次、有针对性的个性化服务。

四、深度分析大数据信息,保障用户信息安全

大数据时代用户信息采集的数量、准确性和可利用程度决定了图书馆对用户行为分析的有效性与图书馆决策的科学性。当前,图书馆已经初步认识到大数据分析在用户服务工作中发挥的重要作用,但当前的分析尚处于初步浅层次的阶段,在以后的工作实践中可在大数据分析向纵深层次演进,通过采集和分析用户的信息行为,挖掘用户的动态需求,有针对性地对用户进行信息推送、信息跟踪,分层次的开展个性化、多样性的用户服务工作。"互联网+"环境下,信息安全是各行业普遍存在的难题。在图书馆行业,借助大数据打造智慧化图书馆,开发打造智能推荐系统和综合性数据分析中心,在提高图书馆资源匹配度和的同时,要建立好数据安全屏障和数据安全预警系统,确保和维护用户信息安全。

借助移动"互联网+"、大数据,云计算和物联网技术的创新应用,使得图书馆正日益成为信息资源的集散中心,知识管理和知识服务中心,传统意义上的人工性服务正走向智能化、个性化和定制化服务发展。很显然,"互联网+"不仅仅是技术和平台的创新应用,而是集合服务、理念、思维、模式和路径的综合性重构。因此,面向"互联网+"时代下的农业图书馆,如何利用互联网思维,利用物联网技术手段,利用大数据分析和云计算提升服务模式和服务水平,在"互联网+"浪潮中,做一个引领行业方向的弄潮儿,是当前农业图书馆理论界和图书馆业界值得研究的一个重要议题。当然,"互联网+"推动农业图书馆服务模式转型升级的同时,还应重新评估和考量"互联网+"本身带来的数据安全、技术风险、人员素养与开发成本等实际问题,基于科技、资源、平台、人文的有机融合,才能真正建构出更多的虚实交互、线上线下综合应用的农业图书馆新模式。

参考文献

陈艳,曾思敏,2020-12-28.邻里图书馆的营销探索[J/OL].图书馆论坛:

1-6.http：//kns.cnki.net/kcms/detail/44.1306.G2.20201211.0955.002.html.

高欣，徐嘉徽，2020."互联网+"环境下知识组织与服务的网络实践模式构建研究［J］.情报科学（2）：151-155.

韩翠峰，2015."互联网+"环境下的图书馆服务转型与发展［J］.图书与情报（5）：29-32.

黄悦深，2013.公益文化服务新模式：青番茄网络图书馆实践研究［J］.公共图书馆（2）：10-13.

蒋凌，钟永恒，孟银涛，等，2014.试析荒岛图书馆对我国民间图书馆的发展启示［J］.图书馆杂志，33（1）：48-52.

蒋正扬，2020.大数据时代数字图书馆面临的机遇和挑战分析［J］.办公室业务（22）：187-188.

刘芳，卢国强，周立群，2016.图书馆联盟馆际互借的运营模式研究［J］.科学中国人（12）：181.

毛婕，2019."信用+图书馆服务"的具体实践和业务探索：以宁波市图书馆"天一约书"为例［J］.山东图书馆学刊（3）：114-116.

钱彩平，2020.基于"互联网+"背景下的图书馆服务创新研究［J］.产业创新研究（21）：18-20.

孙曙恋，2012."猫耳"公益图书馆［J］.社区（22）：45.

王春伟，2013.浅谈国内外地铁图书馆的运营模式［J］.科技创新导报（28）：174.

王慧，2017.论我国图书馆运营模式创新路径［J］.报刊荟萃（8）：78.

王凯丽，2013.深圳街区24小时自助图书馆运营管理探析［J］.农业图书情报学刊，25（8）：107-109.

王立军，2008.浅议网络环境下公共图书馆服务模式的演变［J］.现代情报（8）：44-45，47.

王乃芹，2014.新时期文化政策环境下"立人乡村图书馆"的实践创新［J］.图书馆工作与研究（10）：89-94.

肖怀斌，2019.24小时图书馆推广现状及改革方案探究［J］.营销界（35）：144-145.

曾群，杨柳青，2020.5G环境下智慧图书馆创新服务模式研究［J］.图书馆学研究（22）：2-6.

张柏林，2020.公共图书馆助力乡村文化振兴的模式与优化路径［J］.四川图书馆学报（6）：18-21.

张方，2020.农业高校图书馆在农村后扶贫时期的服务模式［J］.农业科技与信息（21）：5-7.

张兴旺，李晨晖，2015.当图书馆遇上"互联网+"［J］.图书与情报（4）：63-70.

张兴旺，石宏佳，王璐，2020.孪生图书馆：6G 时代一种未来图书馆运行新模式［J］.图书与情报（1）：96-102.

张昱，周文杰，2010.青树乡村图书馆建设之路［J］.图书与情报（3）：40-45，76，161-162.

赵聚科，2015.关于我国图书馆运营模式创新的思考［J］.图书馆学刊，37（1）：1-3.

第七章 山东省农业科学院图书馆发展

山东省农业科学院图书馆成立至今已有60多年的历史,从单纯的资料搜集保存到图书、资料并重,从科技情报研究到农业信息采集、分析、利用,从文献服务到知识服务,从竞争情报、数据挖掘、学科分析、产业分析等图书馆学科理论研究到实证研究的发展,几代人传承积累,默默奉献,图书馆才形成了目前的发展规模和良好势头。

2012年山东省农业科学院创新大楼建成,图书馆整体搬入,书库面积350平方米,布设525立方米密集书架,馆藏文献资源20余万册。图书馆采用广东图创公司Interlib图书管理系统,加工馆藏书目检索8万余条。订购中国知网、读秀、百链、OVID平台(Agris国际农业科技情报系统、Agricola美国农业文献联机存取目录、CAB国际农业和生物文摘、FSTA食品科学文摘)、SpringerLink、ProQuest A、ProQuest B等知名农业数据库,为全院乃至全省农业科技工作者提供文献服务。

山东省农业科学院图书馆阅览室

山东省农业科学院图书馆书库

第一节　图书馆发展历史沿革

山东省农业科学研究所1950年建立时，始设资料室，由1人分管图书。至1959年山东省农业科学院建立时，藏书已达3万多册，中外文期刊700余种。1979年7月建立了山东省农业科学院情报资料研究所，下设图书馆、资料室等业务科室，之后研究所多次更名，现为农业信息与经济研究所。随着山东省农业科学院科研事业的发展，院图书馆的工作重点、业务范围、服务方式也随之转变和提升。

一、20世纪80年代的辉煌

图书馆分为采编和流通服务两部分，工作人员4名，书库面积达1 200平方米，资料室分为期刊编目、科技期刊阅览、社科期刊阅览、外文期刊阅览、内部资料阅览，文献检索6部分，工作人员7名，阅览面积达200多平方米。

作为山东省农业科研和生产所需文献信息的主要基地，图书馆主要任务就是结合山东省农业科学院科研方向、任务和本省农业生产的需要，有目的地搜集、整理、存贮、开发利用国内外科技文献，提供有效信息保障。当时馆藏中外文图书57 867种、126 267册，中外文期刊合订本4 762种44 079册，内部资料52 695份。订购中文期刊1 251种，外文期刊168

种,报纸 90 余种,在全国省级农科院当中,是藏书较多的单位之一。

图书馆自 1958 年采用《中国科学院图书馆图书分类法》进行分类,使用彩色书标,利用不同颜色的组合,印成各种组合式书标,长、宽各为 40 毫米,由两条彩带、两个空白格组成。彩色书标具有清晰、醒目、直观的特点,很好的解决了排架、乱架的问题。图书馆内期刊、图书等均采用科图分类法、彩色书标、封底贴借阅流通卡,一度成为当时科研图书馆管理水平的典型代表,省内外经常有同行前来参观。

二、10 年发展瓶颈期

图书馆自 90 年代开始每年采购经费增加到 10 万元左右,至 2000 年未见增加,在全球科技文献数量剧增、文献价格大幅攀升的情况下,图书馆文献购置经费已是严重不足,农业文献资源建设陷入了窘迫境地,已远远不能满足农业科研创新的需要。图书馆常年订阅农业科技期刊 400 余种,报纸 50 种,年购入图书千余册,自 2009 年开始电子文献资源建设,购买了部分中文期刊全文数据库、外文文摘数据库等电子资源,但是由于经费有限,所购电子资源一开始均为单机版,只能供图书馆检索使用,无法在院局域网上共享。

图书馆主要面临几大问题。

(一)文献管理方式落后

日常工作方式基本上还停留在手工操作层面,图书期刊不能生成标准 MARC 格式,无法提供各类书目标准数据、不能实现联机检索,迫切需要解决图书馆管理自动化的难题。

(二)文献资源建设投入严重不足

文献购置经费短缺、书刊价格上涨等原因导致文献订购量逐年减少,不仅外文文献严重短缺,中文文献年均采访量也急剧下滑,期刊种类逐年减少,电子数据库资源尤其是外文电子资源缺乏,与国内一些农业文献信息服务机构相比,已处于相当低的水平,与山东这样一个农业大省的地位不相符。

(三)文献资源布局不合理

布局不合理体现在一方面旧资料重复,另一方面新品种短缺。现有馆藏文献中纸本文献呈现出"年代久远、保存不利、副本过多、新书新刊品种短缺"等问题;电子资源因为资金不到位,大多采取网络使用权的方式,出现了院内机构重复购买、各自为政的局面,虽投入了大量的资金,却没有达到资源合理利用的目的。

在资源建设由纸本资源向数字化资源转型的过程中，本着务实求真的精神，图书馆提出了几个建设原则：资源建设以实用为主，以收藏为辅；中文文献以电子资源为主，以纸质印刷本为辅；外文文献以电子文摘为主，以电子全文为辅；专业文献以核心期刊为主，以图书及其他文献为辅。这也成为今后10年图书馆一直遵循的资源采购原则。

三、图书馆新馆的建设

2012年前后筹备图书馆搬家，经过积极努力，实现了图书馆自动化管理，购买深圳ILAS图书馆自动化系统，将现有图书资料回溯建库，达到资源共建共享的标准和要求。2013年图书馆迁入新址后，受建设条件限制，逐步取消了纸本期刊、报纸的订购，主要工作方向放在了数字资源建设与线上读者服务上。图书馆提出了《山东省科技文献信息资源与服务平台建设实施方案》，充分利用山东农业科技信息网的网络基础设施，打造山东省农业科学院科技文献中心门户网站，运用信息化手段整合文献资源，实现数据跨库检索以及数据加工、交换和传递，具备良好的信息导航、用户管理和信息服务等功能。文献资源包括以下两种：

（一）中文文献资源

以电子全文文献为主，同时购进部分核心的纸质期刊。电子资源包括中国知网数据库、山东省科技文献系统、中国农业科学院文献系统、国家科技图书文献中心等，可满足科技人员对中文农业科技信息资源的需求。

（二）外文文献

由于外文全文期刊量大，价格昂贵，文献的建设以电子文摘文献为主。前期引进了Agris（国际农业科技情报系统）、Agricola（美国农业文献联机存取目录）、CAB（国际农业和生物文摘）、FSTA（食品科学与技术文摘）等数据库，稍后购买了外围期刊全文库SpringerLink、ProQuest A+B，同时采用网上馆际互借方式弥补部分资源不足。

第二节 "互联网+"时代的转型

"互联网+"环境下，山东省农业科学院图书馆逐渐从服务型向研究型转变，主要表现在承担科研项目和"公益"两个方面。无论是科研项目实施，还是学科团队建设，图书馆都利用网络刷新了现有业务，用免费讲座、免费培训、资源共建共享等一系列实实在在的阅读推广活动擦亮了图书馆"公益"招牌，取得了一定的成绩。

一、承担科研课题

图书馆之前只有服务、只有参与课题，从来没有承担过课题研究。通过多年的积累和学习，近年来取得了突破，先后获得了多项横向课题：农业科学数据共享服务、农作物定位监测数据采集整理、院士专题服务等，科室人员全都参加了山东省农业科学院创新工程"农业科技信息与知识服务平台"、平台基地建设——院图书馆文献数据购置。按照课题要求组建团队，明确分工，责任到人，开展了一系列的调研、选点、数据采集、培训、撰写报告等工作，按照规范要求采集、加工山东省农业专家数据库信息，定期采集并维护等各类数据，通过建设机构数据库平台，逐步整合并扩大文献大数据和科研大数据，为山东省农业科学院的科技协同创新提供数据支持。

二、组建农科院系统电子文献团购联盟

通过调研和分析，开展山东省农业机构的数字资源联合采购，建立了山东省农业科学院分院电子资源采购联盟，进行中文电子资源联合采购，实现共建共享。在对市级研究机构（采购单位）进行数据库培训的基础上，召开了全省首届农业科技信息与知识服务研讨会，不仅受到各地市院的支持，也将万物互联背景下图书馆资源共建、合作共享的发展理念落到了实处，开创了崭新的服务模式，进一步促进农业科技文献的共建共享。

在资源建设、知识服务方面开拓创新，充分发挥国家和地方科研院所多方面的资源优势，至今团购活动已经开展6年，召开了3届全省农业科技信息与知识服务研讨会，探索和形成了"国家+省+市+县"四级协同创新发展的内涵。

三、建设国家农业科技文献共建共享平台山东分平台

在"国家农业科技创新联盟"框架下，中国农业科学院农业信息研究所2016年牵头建成了"农业科技文献信息资源共建共享平台"，平台旨在打造数字文献资源及科学数据为一体的综合信息服务模式，以此带动各省

文献资料的共建共享。山东省农业科学院图书馆抢抓机遇，凭借良好的资源和工作基础，率先落实平台合作。平台建设大大弥补了图书馆资源建设的缺口，为用户开辟了新的文献获取途径，有力的支撑了农业科研工作的开展。

四、组织各类培训活动，擦亮图书馆"公益"招牌

紧紧围绕图书馆业务工作，利用世界读书日、数据库开通试用等节点开展各类主题活动，建成了图书漂流驿站、茗信书屋等服务品牌，组织了知识竞赛、朗读比赛、PPT演讲比赛、线上答题、网络课堂活动等，丰富和活跃了文献服务的科研内涵和组织形式，让图书馆"公益"招牌闪闪发亮。图书馆先后举行"电子文献资源培训服务月"活动，走进各个研究所，走到各个分院，走近课题组和专家，分别到果树研究所、花生研究所、蚕业研究所、东营基地、泰安、济宁、枣庄、东营、滨州、潍坊、淄博、聊城等地农科院等举办了30场免费培训，加深了省、市院的联系，开展学科分析、产业分析等协同创新活动。

五、资源数字化，服务网络化

"资源数字化，服务网络化"是图书馆提出的口号，所有资源尽可能数字化，标准化，符合传递、共享的目的和要求；所有的服务尽可能网络化，通过微信公众号、QQ服务群、微信服务群、专题讨论组等各种互联网手段，为院内、院外读者提供服务，甚至是差旅途中也能提供远程访问、账号等形式检索文献。2020年新冠肺炎疫情期间，图书馆赶制了三期网络课堂，专题讲解居家如何检索、获取文献，通过微信公众号方式进行传播，"见屏如见面，服务不断线"，收到了读者的广泛好评。

第三节　数字资源建设与利用情况

山东省农业科学院图书馆资源建设以满足全院科技创新需求为宗旨，在发展中逐步构建了中外文电子期刊全文、图书、文摘、工具书等多种类型的电子资源保障体系。由于用户需求变更及资源订购经费的限制，近年来，图书馆以订购数字资源为主，纸质资源采访量逐年削减。

一、数字资源建设概况

山东省农业科学院图书馆数字资源保障体系持续完善，2017年，图书馆订购各类数据库14种，其中，中文数据库4个，分别是中国知网、万方数据库、百链云图书馆（读秀）和农业科技信息资源共建共享平台，后两种为文献传递平台；外文电子期刊数据库3种，分别是SpringerLink电子期刊数据库、ProQuest农业和ProQuest生物全文数据库；外文文摘数据库4种，即OVID平台上的AGRIS、AGRICOLA、CAB Abstracts和Food Science and Technology Abstracts（FSTA）；电子图书资源3种，分别是2013购置的超星汇雅电子书、2016年购置的歌德电子书阅读机和2018年购置的阿帕比爱读爱看电子书阅读机。

2018—2020年，为进一步优化资源保障体系，提高利用率，经用户调研和利用评估，对订购资源种类进行了调整。2018年新增电子书资源1种，资源品种达到15种。2019年减少了一个外文文摘库，保持续订其他14种资源，并对万方数据库和OVID平台的2个文摘库进行预调整，2020年仅续订了其他9种数据库。

二、数字资源利用情况

2017年以来，图书馆用户数字资源需求旺盛且利用态势良好，数据库检索量连续两年大幅度攀升，2018年较2017年增长了1.8倍，2019年较2018年又增长1.6倍；全文下载量（传递量）也快速增长，2018年全文下载量较2017年增长9.8%，2019年进行资源调整后，全文下载量提升19.4%，达到45万篇。

就各数据库利用情况而言，中国知网的全文下载量占总量的86.47%，外文全文下载量（SpringerLink和ProQuest）占总量的1.61%，电子书下载量占6.67%。除此之外，百链+读秀和农业科技信息资源共建共享平台分别占下载/传递量的4.99%和0.26%。

从各库3年全文使用量变化趋势来看，中国知网连续两年使用量快速增长，2018年、2019年全文下载量分别增长13.9%和18.3%；电子书使用量2019年较2017年增长了接近12倍，其中歌德电子书2018年使用量较2017年翻了三番，2019年由于阿帕比电子书的引进使其部分使用被分流，而阿帕比占电子书用量的近85%；外文数据库使用量则基本维持稳定，在 7 200 篇左右。

三、现有数字资源的保障程度

从图书馆现有数字资源的情况来看，中文资源基本可以满足用户需求，但外文原文资源依旧存在较大缺口。外文期刊文献为科研人员提供高质量的研究数据和最前沿的研究成果，发现国内外最新的研究理论和方法、激发研究思想、获取研究思路、扩大国际视野，外文期刊文献的利用率（下载、阅读、引用）直接影响科研人员的研究水平。

近年来，山东省农业科学院高度重视人才引进和培养，高层次人员逐渐增多，用户需求日益增长，资源保有量和需求量的矛盾仍然突出。

四、现有数字资源存在的问题

首先，图书馆大多数用户在查找资源时还是会存在缺少资源的难题，当资源不足时，基本采用求助同行和文献传递的方式来解决，图书馆的功能则是被弱化的。其次，用户还希望打破 IP 限制，增强资源查找的便利性。再次，开放获取（OA）正成为国际学术界的共识和世界各国的共同行动，在文献购置经费有限的情况下，开放资源可以作为商业资源的有力补充。山东省农业科学院图书馆暂时不具备建设开放资源聚合能力，但是应当及时搜集、整合、推送开放资源信息。

第四节 新业务模式的开展

一、基于学科化的知识服务模式

（一）文献定题服务

根据课题组科研需要，定期或不定期对某一特定主题进行跟踪检索，把经过筛选的最新检索结果以索引目录方式提供给用户，如需要原文可另行下载传递。经过与科研人员尤其是课题组、项目组成员的多次沟通，图书馆已经完成了《甘薯产业技术体系北方区栽培》《大葱养分》《基于机器视觉或图像处理的农产品智能精选分级》《野生花生的收集利用》《农业供给侧改革》等多篇定题服务。这种服务形式是初级的，但如果每季度提供一次、长期定期提供，也可大大减轻科研人员检索、阅读文献的时间，积累汇总成为本领域的第一手文献资料库。

（二）学科分析

图书馆根据用户科研需要或院所优势学科，基于各类文献资料（中外文的科技期刊、博硕士论文、会议、专利、科研成果等）的计量统计，分析该学科或者领域内的研究现状、研究热点，以及指定机构中人员的科研产出对比分析、影响力，并以可视化图表形式展现。学科分析对图书馆馆员提出了较高的要求，不仅要懂情报学分析技术，还要懂学科专业，往往需要消耗大量时间才能完成报告。《花生基因工程研究进展分析》《微生物肥料研究热点与前沿分析》《大豆抗病虫害育种研究的分析》等都是图书馆与课题组经过多次交流沟通，在边学习边分析中完成的，其中《基于文献计量的甘薯栽培学科研究态势分析（2008—2018）》在全国甘薯产业体系大会上进行分享，获得专家好评。

（三）专利分析

随着技术竞争的日益激烈，专利的重要性不言而喻。专利分析就是对专利说明书、专利公报中大量零碎的专利信息进行分析、加工、组合，并利用统计学方法和技巧使这些信息转化为具有预测功能的竞争情报，从而为技术、产品及服务开发中的决策提供参考。图书馆现已完成《基于专利计量分析的高尿酸血症研究分析报告》《基于文献计量的肉鸡养殖智能控制技术》以及《基于专利的小麦遗传育种分析》等多份专利分析报告。

二、机构知识库建设

农业科研机构所产生的科研成果作为机构知识无形资产，不仅是个人检索、利用和创造的基础工具，也是机构进行管理、整合、调整的数字依据。利用好这些资产，机构可客观系统地审视自己的知识竞争力和科研产出影响力。

机构知识库（Institutional Repository，简称IR），也称机构仓储、机构资料库、机构信息库、机构典藏库等，是教育或科研单位对自身机构的学术研究成果以及科研产出资源进行收集、加工、整理和保存，通过开放获取最终达到促进学术传播和共享目的的知识库。山东省农业科学院机构知识库建设定位于支撑院科研成果保存与共享，是助力科学研究的重要基础设施，汇集了中文期刊、外文期刊、会议论文、科技成果、专利等多种类型学术成果。机构知识库建设以知识管理与学术交流为目标，收集、组织、管理、保存、传播院科研人员的学术研究成果，全面展示学术和科研水平，实现知识的高效存储、传播与共享。

机构知识库存储了海量数据，包括科研人员的论著、成果奖励、学术履历、机构变革信息等，在此基础上生成本机构的知识图谱，可视化地说明本机构谁在做什么、特色方向在哪里、有无重复、与谁合作等，科研产出的统计分析工作变得简单化。

山东省农业科学院机构知识库建设项目于2017年1月1日起正式开始实施，依托于山东省农业科学院农业科技创新工程"农业科技信息与知识服务平台"，通过跨单位、跨学科、跨团队协作攻关，沿着"需求分析—数据应用—构建原则—平台搭建—质量保障—评审反馈"的技术路线逐步开展，围绕数据资源建设、"一站式"知识发现系统开发、数据多维度分析等重点建设内容，以用户为中心，充分整合机构科研数据，在机构知识库传统服务方式的基础上进行技术创新，提升服务能力，为机构知识库的后期运营注入新的活力。

2018年11月26日，经过近两年的建设，山东省农业科学院机构知识库正式上线运行，是全国省级农科院首家上线机构知识库。目前已收录25个下属机构、396位专家学者数据，整合各类科研成果数据27 230余条，包括中文期刊19 114条、外文期刊1 575条、会议论文1 012条、科技成果776条、专利3 027条。机构知识库上线后项目团队在全院范围内展开系统功能与使用方法培训。

山东省农业科学院机构知识库是支撑全院学术研究的重要基础设施，拥有中文期刊、外文期刊、会议论文、科技成果、专利等多种类型学术成果。机构知识库建设以知识管理与学术交流为目标，收集、组织、管理、保存、传播全院科研人员的学术研究成果，全面展示全院学术科研水平，实现知识传播与共享。

同时，图书馆还承担山东省农业科学院机构知识库的使用培训工作。将全院科研人员全部纳入平台注册用户，开展农科发现——国家农业科技文献数据共享平台山东分平台、山东省农业科学院机构知识库的培训，促进农业知识管理系统的使用，让全院科研人员在全院已购数据库即查即得的基础上延伸获得一小时文献传递，使科研人员文献使用满意程度提升到90%以上。

机构知识库建设不可能一蹴而就，成功与否的关键元素是数据是否充足。图书馆作为数据的仓库，为机构知识库的建设提供了源源不断的数据支撑。数据是不断变化的,需要实时采集、更新,同时要求正确精准。机构知识库是机构管理科研成果、传播学术知识、支持服务创新的重要工具,将机构知识库与科研管理系统、人事管理系统有机链接,将成为机构高效管理和评价的有效途径。

三、区域联盟建设

优质数字资源的建设是提升科研机构研究能力的强大助力,很多科研机构都十分重视数字资源的建设与应用,但受经费投入制约,地市级科研机构数字资源的整体建设情况不容乐观。受访科研人员纷纷表示现有数字资源难以满足研究工作需求,数字资源覆盖率不足20%,数字资源匮乏的现状亟待改变。

由于版权保护和信息传播限制等问题,数据库厂家和出版商以收费的方式向公众开放数字资源,为此科研机构往往要承受订购经费不足、数据库连年涨价无力负担等压力。通过建立科研机构数字资源共建共享联盟,整合需求、明确目标、降低资费,以此巩固已有机构用户资源,拓展新用户群,达到科研机构资源共建、降低成本的同时扩大数据库订购范围的双赢目的。

研究重点从农业科研机构共建共享联盟建立的可行性入手,与联盟参与单位多次探讨资源需求情况,明确订购数字资源的类型与学科内容,确定中国知网为联盟首期团购数据库的供应商。以山东省农业科学院为牵头单位,联合各参与单位与数据库厂商进行多轮谈判,明确数据库订购方式为联盟成员团购,并对团购的形式、付费方式、资源内容、价格等进行讨论并最终商定。

(一)建设原则

山东省农业科研机构数字资源共建共享联盟以创新的资源建设模式,致力于打造省内农业科研机构数字资源协同共建、互惠共享的双赢局面,在资源利用效率最大化的基础上,实现订购成本的降低,为地市分院提供可控成本下的数字资源建设基础。联盟资源建设中遵循以下原则。

1. 资源共建、协同共享

联盟秉承数字资源共建共享的发展理念,在资源共建的基础上实现协同共享。联盟各成员单位基于这一共识,依据单位规模大小、人员数量及构成情况,与数据库厂商协商订购费用,最终依托联盟主体完成付费订购。

2. 自愿参与、集体洽谈

联盟每年末均对各地市分院进行订购意愿征集，各地市分院自愿加入或退出联盟；联盟赋予成员单位高度参与性，在订购之前以集体洽谈的方式，明确资源订购的范围与价格。联盟方面权责分明、管理到位，协调各方资源为团购提供最大化的便利。

3. 面向需求、明确目标

联盟团购数字资源以专业需求为导向，将成员单位的学科设置、专业领域、山东地域特色农业等需求因素综合考量，明确数字资源订购目标，充分利用资源订购经费，提高资源利用率和用户满意度。

4. 机制合理、多方共赢

团购方案得以实现，首先得益于各地市农科院均已挂上"山东省农业科学院××分院"的牌子，与山东省农业科学院成为一个统一管理整体，从管理体制和形式上得到数据库厂商的认可，最终经过数月的谈判磋商，各方就联盟的团购方案达成一致。联盟运行框架下，成员单位可以用最低的价格享受到更多的数字资源，数据库厂商也保障了整体经济效益，形成多方共赢的局面。

（二）组织形式

山东省农业科研机构数字资源共建共享联盟由山东省农业科学院图书馆牵头成立，向各地市分院发函，明确数据库厂商、购买方的权利和义务，并附付款时间和付款形式，由地市农科院自行决定是否参加联盟团购。

山东省农业科学院图书馆自2009年起开始订购中国知网数据库，2013年增加部分学科内容，累计下载数量超2 000万次，近10年的订购数据库用户行为分析结果显示，该数据库在科研机构中拥有最广泛的用户基础，访问量、下载量、认知度也最高，因此，联盟首期团购选择中国知网数据库，形成成熟团购体系后再面向其他数据库推广。山东省各地市均设有地市级农科院，2012年山东省农业科学院陆续与省内地市级农科院建立合作关系，增挂地市分院牌子，现已建成18家山东省农业科学院分院，在作物、畜牧、栽培、育种、产业研发等方面深入合作，促进了全省农业产业的提升和发展。在数字资源建设方面，联盟成立之前，各分院均采取单独订购形式，每年根据经费情况决定订购资源数量，经费不足时则需要面临续费困难等问题。

山东省农业科研机构数字资源共建共享联盟建设模式借鉴了农业科研系统电子资源建设与服务联盟（以下简称"农科联盟"）外文电子资源联合采购模式，又受到国家农业科技创新联盟农业科技信息资源共建共享平台的成功经验启发。农科联盟已经组织10余年，借助于农科联盟各省级农科院才了解和熟悉了外文电子资源。2017年7月山东省农业科学院召开了"农业科技信息与知识服务平台"签约暨培训会，与中国农业科学院农业信息研究所就深入打造"国家、省、市"三级协同发展模式进行现场签约，正式为山东省农业科学院开通国家农业科技创新联盟农业科技信息资源共建共享平台的使用。

山东省农业科学院作为省级农科院，为解决地市级农科院经费紧张、资源订购困难的问题，申请为地市分院一同开通国家农业科技创新联盟农业科技信息资源共建共享平台的使用，并进一步探索出数据库联盟团购的资源建设模式，经过近两年的摸索与实践，逐步形成了"国家（中国农业科学院）+省（省农科院）+市（各地市级农科院）"三级协同发展的创新模式，实现了山东省农业科研机构数字资源整体建设水平的飞跃。

（三）运行机制

山东省农业科研机构数字资源共建共享联盟是一个由山东省农业科学院图书馆牵头组建，各地市分院自愿参加的多主体联合组织。联盟数字资源团购方案由山东省农业科学院图书馆制定并组织实施，各地市分院自主参与、共同管理，在联盟运行机制不断规范化的进程中，寻求各方利益平衡点，始终致力于在有限的经费下保障资源订购的可持续性。

联盟还针对各地市分院的科研产出情况，从数量、作者、年份、基金来源、合作单位等方面对各个分院进行横向和纵向的对比分析，其结果引起了各地市分院对本单位竞争力的重视和思考，对联盟将要进一步展开的高层次信息服务表现出强烈意向。

第五节 未来发展设想

展望未来，图书馆要继续夯实服务基础，以学科服务和文献资源分析利用为抓手，以优化读者服务和资源配备为主要工作方向，在文献大数据和科学大数据两方面做好积累和存储，做出特色和亮点，在山东农业图书馆事业的发展史上留下崭新的记录，着力做好以下4个方面的工作。

一、丰富阅读推广活动

不断完善《农业科技文献资源检索与利用》《国家农业科技文献数据共享平台使用培训》《山东省农业科学院机构知识库培训》课程,到院属研究所进行培训,每年争取在10场次左右。通过微信群、QQ群、公众号等多媒体形式随时解决用户在使用过程中出现的问题。每年组织世界读书日活动,通过丰富多彩的活动,加强与用户之间的互动,实现图书馆与用户真正的零距离。

二、开展科研学术工作

引领全省农业科技信息与知识服务业务开展,完善国家省市三级农业科技信息协同服务体系。组织召开全省农业科技信息与知识服务研讨会,开展相关学术工作。组织联盟成员巡回调研和培训,宣传推广机构知识库概念,开展地市层面的农业科研数据整理和汇总,逐渐积累农业科学大数据。总结各地分院的文献服务基础和改善措施,撰写并发表论文,加强与国家科研机构的联系,完善和推进国家省市三级农业科技信息协同服务体系。

三、开展农业科学大数据的采集与加工工作

信息是继材料和能源之后的第三资源,是支撑社会发展的三大支柱之一。科研机构文献信息资源的存储、积累、开发和利用水平是这个单位科学技术能力、知识储备能力和知识创新能力的重要标志。山东是农业大省,农业的发展必须依靠科技创新,科技创新离不开文献信息资源的强有力的支撑,农业信息对农业的发展将起到越来越重要的作用。完成2000—2018年全院科研成果的信息整理,农业文献信息是吸收国内外先进知识与经验,促进农业发展的重要保障,农业文献信息资源已成为农业科学研究和农业发展的重要资源和基础条件。

四、提升知识服务水平

以农业科技创新工程为抓手,以学科服务为主要目标,进一步挖掘知识服务的内涵和实际需求,完善和拓展各类创新服务模式,为山东农业发展壮大保驾护航。

（一）坚持创新意识引领知识服务

众所周知，农业科研周期长、季节性强、区域性强，立足于山东农业，图书馆要有创新意识，满足科研人员的各类信息需求，提供针对性强的知识服务方式，形成服务品牌，并辐射全省农业，引领并加大与地市分院基层用户的知识服务模式，形成省、市、基层协同发展。

（二）坚持学科服务带动知识服务

贯彻习近平总书记"研究所要办出特色"的重要指示精神，以"知识服务"为学科发展目标，坚持以服务农业优势学科为导向，围绕各个研究所的科研项目继续开展学科化知识服务，在分析、推介各个学科领域科研实力的同时，也宣传了自己的服务团队和服务质量，尽快形成优势特色与亮点。

（三）打造具有核心竞争力的知识服务平台

图书馆用户从在馆向在线转变，知识服务从基于文献向基于科研需求转变，因此，图书馆要跟上时代变化的节奏，探索新的服务模式。目前农业图书馆的学科服务越来越多的受到科研团队的认可，期待逐步完善的机构知识库能够为科研工作提供更多便利服务。挖掘和拓展机构知识库的丰富内容并将其与整个信息环境进行有效链接，跳出机构知识库作为"存储库"的束缚，打造具有核心竞争力的知识服务平台，农业知识服务水平才能更上一层楼。

山东省农业科学院图书馆以提供农业科技文献与信息为主要方向，其主要任务是系统收集、加工、保存和开发利用各种载体的国内外农业科技文献信息，多年来发挥了服务农业、传递信息、保存农业文化宝藏的重要作用。贯彻习近平总书记"研究所要办出特色"的重要指示精神，以"知识服务"为学科发展目标，坚持以服务农业优势学科为导向，围绕各个研究所的科研项目继续开展学科服务。把文献资源建设、读者服务、学科分析、国家省市三级协同发展等业务作为今后的工作重点，为农业科技文献信息服务科研、服务乡村振兴和山东农业发展做出积极贡献。

建立信息资源整合机制。整合不同载体、不同类型的信息资源，传统纸本信息资源的数字化，本地资源与远程资源之间的整合。为用户提供一站式信息服务，丰富信息资源，建立分布式信息资源保证体系，实现信息的无缝链接。提供基于网络的虚拟参考咨询服务。提供个性化服务。完善学科馆员制度。建设作为知识门户的图书馆网站，构建数字化的学术交流平台。

第八章　农业图书馆未来发展思考与展望

五千年的中华文明孕育了3 000多年的中国图书馆发展史，尤其进入20世纪以来，图书馆在社会发展中起伏跌宕，历经清朝、民国、中华人民共和国的政权更迭，在新图书馆建设高潮、新中国图书馆建设高潮、新世纪数字图书馆建设的高潮中，迎来了蓬勃发展。自20世纪90年代开始，随着全球经济的高速发展，图书馆界关于如何实现图书馆协同社会进步、转变自身角色的讨论如火如荼。陈传夫曾在《图书馆未来转型的若干发展方向探讨》中提出，2016—2020年是图书馆事业发展的重要历史时期，"转型发展"成为当前全球图书馆事业的主要特征。2017年党的十九大报告中提出实施乡村振兴战略。2018年9月，中共中央、国务院印发了《乡村振兴战略规划（2018—2022）》，提出要加强农村公共文化建设。

随着各种新技术的快速发展，有关图书馆的新技术、新空间、新资源、新生态、新服务的研究成为热门话题，有关图书馆新使命、新定位、新组织、新架构的讨论持续出现。而今，图书馆正处在一切都被数字化的时代，在数字化、网络化环境下，其生存和发展受到多方面的压力与挑战，如何推进新时代图书馆事业的全面发展，增强图书馆在社会发展中的担当和使命已经成为图书馆界的重要命题。

2020年是特殊的一年，全球正在经历百年不遇的新冠肺炎疫情危机，后疫情时代图书馆如何在复杂多变的环境中自我发展，锻造核心竞争力，实现转型升级，引发着图书馆界的思考和讨论。2020年是节点性的一年，"十三五"收官在即，"十四五"谋划布局，在总结回顾的基础上，业界同仁放眼未来探讨着图书馆创新发展的新篇章。本章内容即在此特殊背景下，展望图书馆行业的发展方向，探讨农业图书馆的使命和未来。

第一节 以战略规划引领图书馆发展方向

一、战略规划研究

21世纪是知识大爆炸的信息化、网络化时代，伴随着科学技术的蓬勃发展，知识化进程不断加快，竞争环境纷繁复杂，战略管理特别是战略规划成为一个机构把握未来、谋求生存发展的重要工具。作为收集、整理、保管、传递文献信息载体的社会组织，图书馆在瞬息万变的信息化社会中面临着前所未有的压力和挑战，其战略规划研究的重要性和必要性也日益凸显。正如原上海市图书馆吴建中馆长所说，"近年来，越来越多的图书馆开始重视制定战略规划"，战略规划俨然成为当今图书馆管理的一个热门话题。

"战略"一词来源于军事领域，原是军事术语，而今已普遍应用于政治、经济、文化及其他领域，泛指重大的、全局性的或决定全局的谋划。只有站在战略的高度上观察问题分析问题才能高屋建瓴，做出有远见的全局的正确决策。南开大学商学院柯平教授认为，战略即是组织在面对变化激烈、挑战严峻的环境时，为长期生存和发展所进行的谋划和思考，它是事关发展大局的科学规定，也是一切活动开展的主要依据，具有方向性、纲领性、统筹性、全局性和长期性的特点。中国农业科学院孙坦在其2009年发表《国外图书馆战略规划研究》一文中指出，图书馆的战略规划是图书馆面向未来确定图书馆使命、愿景、目标、战略及其实施计划的思维过程与框架。

在文化大发展大繁荣的新背景下，立足图书馆内外部环境，制定全面、长远的发展目标及实施计划，对图书馆的可持续发展具有十分重要的意义，图书馆战略规划不仅可以引导图书馆应对变化、把握未来，同时能够规范组织行为、增强组织活力，更能起到宣传推广图书馆的作用。2016年，柯平教授发表的论文《从发展规划到战略规划——图书馆"十三五"规划的战略性》中系统阐述了战略对图书馆发展的重要意义：战略能够为图书馆指明前进的方向；战略是图书馆及其所有员工的行动纲领；战略是决定图书馆业务活动成败的关键性因素；战略是图书馆能够长久高效发展的重要基础和可持续发展的基本保障；战略是图书馆提升竞争力的有效保证。可见，战略规划已经成为现代图书馆管理的核心，是图书馆事业发展的根本性指导方针，引导图书馆朝着正确的方向前进，从而达成其使命和愿景。

二、图书馆战略规划发展

自20世纪60年代起，国外图书馆率先树立了战略意识，开始关注战略管理理论，并将战略规划引入图书馆，着手制定图书馆战略规划。诸多图书馆，如公共图书馆、高校图书馆、图书馆协会等开始根据自身情况制定相应的战略规划，尤其欧美发达地区的图书馆战略规划起步早，水平高，例如，美国国会图书馆和英国国家图书馆等国家图书馆，美国旧金山公共图书馆和加拿大多伦多公共图书馆等公共图书馆都已建立了比较成熟的发展规划和战略管理的工作体系。随着信息时代的到来，战略规划成为国外图书馆应对挑战、把握机遇、分析未来发展定位的重要工具，也成为图书馆管理制度化、规范化、专业化和现代化的重要标准。

在我国，图书馆战略规划相关研究开始于20世纪80年代，在30多年的发展历程中，经过了从经验操作到理论指导，从单一个体到多元组织合作竞争的发展过程，形成了诸多优秀的学术研究成果，同时地区性图书馆等各类图书馆战略规划研究有了全新突破。2007年，国家图书馆在全国招标立项研究图书馆发展战略，国家科学图书馆研讨可持续发展战略，表明我国的图书馆战略规划正在进入实质性研究阶段。2013年文化部发布了《全国公共图书馆事业发展"十二五"规划》，这是我国第一个全国性公共图书馆事业发展中长期规划。2017年7月文化部正式印发《"十三五"时期全国公共图书馆事业发展规划》，图书馆界开始积极响应国家编制"十三五"规划号召，国家图书馆、广州图书馆、上海图书馆、南京图书馆、浙江图书馆、东莞图书馆等公共图书馆皆结合自身发展需要制定了"十三五"战略规划，在公共图书馆领域甚至整个图书馆界产生了非常大的影响。在战略规划的引领下，十三五"期间，我国图书馆事业飞速发展，取得了长足的进步。

三、农业图书馆战略规划

2020年是"十三五"的收官之年，也是"十四五"的规划之年，在这一承前启后的关键节点，遵循战略规划规律，制定科学有效的图书

"十四五"战略规划,发挥其对图书馆事业发展的引领作用和统筹作用,显得至关重要。因此未来农业图书馆需要开展卓有成效的战略规划研究制定工作,促进事业发展。

(一)树立战略规划意识

虽然近年来,许多图书馆开始重视战略规划,但多集中在大型公共图书馆及高校图书馆,从全国来看,由于我国图书馆基数大,图书馆界总体的战略意识还不强,战略思维整体还很欠缺。纵观我国具有代表性的农业图书馆,极少有图书馆面向未来业务发展开展全局性、系统性、持续性规划和展望。因此专业图书馆,尤其是农业图书馆决策层需要从思想上高度重视,认识到战略规划的重要性。大中型图书馆可以设立规划编制小组或专门机构,专职负责战略的编制和实施工作;小型图书馆(如小型专业图书馆)可由馆长一手制定和实施所有规划,配合并融入主管机构的战略管理,充分发挥图书馆专业特长,保持战术性优势,有效协助主管机构实现其宏观使命。

(二)加强交流,合作共赢

战略规划要立足本馆实际,打造符合自身的愿景和战略目标,制定现实性和可操作性强的具体行动计划,但并非闭门造车。一份成熟的战略规划需要基于宏观环境、行业发展的综合研究和考量,在图书馆内部甚至是学术界内部、实践界与学术界之间的共同合作下完成。学术界拥有系统的理论框架和专业的工具方法,图书馆拥有丰富的行业经验和资源基础,两者的有机结合可以充分发挥各自优势,催生具有理论指导和实践意义的战略规划,如《2016—2020年广州图书馆发展规划》是由中山大学曹树金教授研究团队和广州图书馆合作制定,《2016—2020东莞图书馆"十三五"战略规划》是由南开大学柯平教授研究团队和东莞图书馆合作完成。因此图书馆在制定战略规划时,应当学会借力,加强交流合作,取长补短,实现理论和实践的高度契合。农业图书馆依托农业科研机构而建立,具有本行业的资源优势,在战略规划制定时需综合考量农科院整体的战略规划及下属研究机构的学科布局、科研优势和目标任务,形成既适应研究需要又满足信息需求的专门性专业化战略规划体系。

(三)将数字化及数据思维融入图书馆战略

21世纪是信息化时代,随着数字技术的不断演进发展,推动着知识社会创新2.0,作为由互联发展的新业态,"互联网+"也逐步从概念变为现实，其催生的数字经济蕴藏着推动中国经济发展的巨大动能，因此，各地各行业都在谋划着"数字化""智慧化"发展战略，图书馆也不例外。2010年，国家图书馆提出数字战略规划，研究数字环境下未来10～20年国家图书馆数字图书馆建设发展、服务及资源共享等问题，各级图书馆在国家图书馆的示范引领下，也开始重视数字化建设的战略设计。另外随着大数据相关技术的发展，有研究团队发现在国外许多重要的图书馆"数据驱动"已经从"新兴概念"转化为战略规划的一部分，成为图书馆事业发展的关键方向之一。

吴建中在《从未来看现在：图书馆下一个十年》中提道，20世纪是技术的世纪，讲究的是技术力，而21世纪是数据的世纪，讲究的是数据力。可见，数据这一庞大的资源正在成为全球新一轮经济发展的动力之源，而作为知识中心的图书馆，作为擅长信息管理的图书馆员，更需要抓住机会开发、利用这一宝贵资源。因此未来图书馆在制定战略规划时，不仅要重视传统图书馆工作，更应积极面对新兴技术对图书馆业务的冲击，制定符合时代发展的新目标。对于专业图书馆尤其是农业图书馆更要发挥自己的专长，重视现代化计算机技术的应用和研究，将数据思维融入图书馆战略，利用情报中心数据资源优势和数据分析专业优势为科学研究服务，把研究领域作为其服务的主要情报环境，围绕本单位科研选题提供数据支撑，开展大量科技咨询，把研究领域作为其服务的主要情报环境，对图书馆资源、组织结构、服务等方面进行持续不断的规划和建设。

第二节　以智库属性支撑科学决策与科技创新

一、智库与情报

智库（Tink Tank）即智囊团、思想库，是由各领域专家组成的相对稳定且独立运作的政策研究和咨询机构，为政府和相关机构的政策制定提供高质量的智力支持。十八大以来，习近平总书记从坚持和发展中国特色社会主义、实现中华民族伟大复兴的高度和角度，多次阐述了加强中国特色新型智库建设的相关问题。在十九大报告中，习总书记进一步指出，要"深化马克思主义理论研究和建设，加快构建中国特色哲学社会科学，加强中国特色新型智库建设"。可见，中国特色新型智库建设受到了党和国家的高度重视，也已成为治国理政的国家战略，引发社会的广泛关注，迎来发展的"黄金时期"。

近年来，我国新型智库建设取得了令人瞩目的成就，成为决策咨询系统和哲学社会科学界共同关注的重要议题。作为决策咨询的重要支撑，情报与智库有相似的发展渊源，情报视角和情报学领域的智库研究数量与关注度呈现快速增长趋势，围绕智库建设的情报工作、情报机构和情报研究成为核心关键词，情报工作在智库建设中的重要作用、情报机构与智库协同合作成为情报学参与智库研究的主要选题。二者的关联性主要表现在如下方面。

一是数据支撑成为情报机构和智库的共同基础，大数据时代，数据资源成为情报机构与智库提升竞争力增强话语权的基础条件，快速搜集获取信息、分析处理信息、提升科学决策能力和水平，对于咨询支持机构具有重要意义。

二是情报学为智库建设发展提供理论支撑，情报学在信息资源建设方面具有多年研究基础，智库要实现创新发展，需要吸纳情报学在信息收集与信息挖掘、数据处理、情报分析方面的新技术、新工具、新方法。

三是智库建设可以扩展情报学的应用领域，为情报机构转型提供实践平台。

二、图书馆与智库

从功能上来看，智库即是利用各类资源如信息资源、人才资源、资金设备资源等为政府、企事业机构及个人用户提供专业高效、高层次的科学决策咨询服务。在资源基础方面，智库本身蕴含着丰富的信息资源，与图书馆有着天然的联系。在咨询服务方面，智库的决策咨询服务是为用户解决实际问题、影响决策效果或经济效益的专业高层次情报服务，这种服务与图书馆参考咨询服务存在某些相似之处，因此传统的图书馆转变成为新型智库有着天然的基础和优势。在国家政策支持和新技术运用的推动下，我国新型智库建设已全面推进并实施，图书馆要抓住这一机遇积极转型，凭借全面的信息资源、专业的人才结构、稳定的经费来源等优势，加快智库功能建设、完善智库支持服务，形成自身核心竞争力，推动图书馆转型升级。

在我国的图书馆智库建设实践中，公共图书馆与省级情报所服务于政府及各级党政机关开展智库型服务，例如，国家图书馆致力于为国家领导机关提供参考咨询及立法决策服务；上海图书馆建立"产业图书馆"，服务上海科技创新。大学图书馆则是充分依托信息资源、情报人才和分析方法等优势，为学校人才引进和学科建设提供决策咨询，也为开展多领域、跨学科智库服务提供保障和智力支持，如北京大学图书馆、清华大学图书馆等分别在北京大学国家发展研究院、清华大学当代国际关系研究院等智库的建设及运行过程中发挥重要作用。而专业图书馆兼具科学和智库属性，围绕专业领域战略情报研究与决策咨询、学科领域数据挖掘与知识发现全面开展新型智库建设，如中国地质图书馆对境外大宗矿产资源形势进行分析研判，为制定我国矿产资源勘查开发宏观决策提供支撑。

而农业图书馆可以充分发挥自身优势，以乡村振兴决策部署为目标，围绕农业领域重大科研项目和研究课题进行信息搜集分析，面向决策层、管理层、科研人员等不同用户群体提供有价值的知识信息和决策智慧，成为专业领域的高端智库，从而全方位、多维度支撑科学研究、科学决策和科技创新。现如今，参与新型智库建设已经成为图书馆创新发展的潮流和趋势，也是新时代图书馆的发展机遇。因此，未来图书馆，尤其是农业（专业）图书馆，更应拓展并创新服务模式，围绕支撑专业领域科学决策和科技创新，把握科技前沿与科学动态，借助自身优势加强专业领域学术交流、情报研究及智库服务等方面的能力建设，从而提供智库型情报分析服务，打造图书馆知识服务品牌。

第三节 以资源建设为核心完善保障体系

资源是图书馆服务的基础，是图书馆核心竞争力之一。作为传统的信息资源中心，收集和保存社会发展进程中产生的信息资源，并提供给读者使用，是图书馆存在和发展的基本职能。自图书馆产生之初，资源作为联系图书馆与读者之间的纽带，其建设、规划就一直是图书馆工作的重要内容之一。纵观图书馆资源建设主要经历了从藏书建设到文献资源建设再到信息资源建设的不同阶段：早期图书馆资源建设的对象主要是实体馆藏，藏书建设是资源建设的核心内容；20世纪80年代，基于藏书建设理论的发展和丰富，文献资源建设作为图情界独创的概念及理论诞生并获得普遍认同；随着计算机和网络技术的飞速发展，90年代后期，信息资源建设应运而生。2006年，肖希明深入探讨了学术界对信息资源建设含义的论述并指出，所谓信息资源建设，就是人类对处于无序状态的各种媒介信息进行选择、采集、组织和开发等活动，使之形成可利用的信息资源体系的全过程。

随着知识经济和信息技术的发展，信息和知识以开放、多元、交互的方式和特点渗透到生活中，社会信息需求无论是在内容上还是在形式上都发生了巨大的变化，传统图书馆的资源建设模式和思路已经无法跟上时代发展的步伐，面临着新的机遇和挑战，新形势下，图书馆如何从结构上变革和转型已经成为现阶段图书馆界的重要课题。分析目前学界在图书馆资源建设方面研究成果，未来图书馆可从如下几个方面着力。

一、双线并举，融合发展，实现图书馆资源转型

从本质上来看，图书馆是以提供知识为主要功能的主体，其所能提供的知识质量和数量决定了其核心竞争力。在"互联网+"环境下，现代科技的高速发展对文献资源保障体系建设提出了更高的要求，而今图书馆资源已超越了载体形式，不再是纸质图书或电子数据，追求实体馆藏也不再是图书馆资源建设的终极目标。因此图书馆应根据自身定位和特点，遵循采购与自建并重、共建共享的原则，做好资源发展规划，突破传统实体"馆藏"概念，建立多面向、立体、虚拟的馆藏体系。当然，图书馆资源转型不是抛弃图书拥抱数据，而是双线并举，加强纸质资源（图书馆传统的资源类型）与数字资源（外购数据库、自建库等）的融合，增大资源容量，建立起图书馆新型资源库，以确保用户在海量的巨大的资源中获取知识。

二、强化特色资源，挖掘馆藏特色

特色资源指图书馆特有的、独有的资源，是图书馆在长期发展中建设、积累、沉淀的，在某一特定领域形成的具有一定规模且结构化较为完整的信息资源，是该馆的优势所在，具有学术上的独特性。特色资源以其特有的珍稀性和专题性有别于一般性资源，是具有各图书馆独特风格的文献资源集合。传统模式下常规的文献资源建设使得各图书馆馆藏资源日趋同质化，缺乏自身特色，因此未来图书馆资源建设需着眼于挖掘馆藏特色资源，建设特色资源数据库，构建富有特色的信息资源体系。对于农业图书馆来说，要强化带有本机构特色的独有资源，在发展中积累大量的数据资料、手稿、试验报告、照片等；重视资源特色，在深度、广度、质量方

面形成全面、丰富、成体系的学术信息资源。利用专业优势，基于对特定领域知识的了解，深度组织特定领域的信息资源，建立山东特色地标农产品知识库等，不断巩固和加强在资源方面的特色与不可复制性，实现数字图书馆"全面服务"与特色资源库"小众服务"的完美结合，提高在用户多渠道获取信息的大环境下农业图书馆的核心竞争力。

三、开放资源建设将成为图书馆资源保障体系的重要环节

随着开放获取运动的不断发展，开放科技资源的需求和建设得到迅猛发展，开放存取资源因其及时、公开、免费等特点，成为图书馆资源建设中的重要环节和重要方向。图书馆开放资源建设就是对来自网络、机构知识库、商业数据库、本地特色数据库等开放资源的整合与揭示，通过开放服务供其乃至全球用户使用。在新的学术交流环境和学术氛围下，开放获取数字文献资源将会被越来越多的图书馆关注并重视，图书馆界积极探索组织开展政策研究、OA资源的集成和服务工具的开发、数字资源长期保存系统试验、开放数据仓储系统建设等，以大力推进新型数字化综合文献信息保障能力。

四、优化资源集成与发现系统

图书馆拥有丰富的数字资源，尤其是高校图书馆更是在资源建设方面走在了各类图书馆的前面，虽然数字资源为信息获取和利用提供了诸多便利，但是随着数量的增大、种类的增多，这些分散、异构的数字资源也给使用者带来了诸多不便，影响着资源的使用效率，因此，数字资源的整合和重组问题更是亟待解决。另外，鉴于用户对数字资源和信息系统了解有限，在使用过程中通常会遇到各种各样的问题。为更方便服务用户，图书馆需要更加完整的数字资源服务体系，整合分散的数字资源和服务系统，实现统一平台检索、一次性用户认证以及不同系统之间的无缝链接。近年来许多高校馆上线了知识发现系统，但相较之下，现阶段知识发现系统仍存在诸多问题，如在对开放获取资源的集成程度、学术资源类型的丰富程度、检索结果相关性排序、检索过程响应速度等方面都还有进一步提升与优化的空间。在我国数字信息资源整合迅速发展的大背景下，未来图书馆将进一步构建科学且高效的信息资源服务平台，使用户能最大限度地获取数字信息资源，以提供快速的、高效的、无障碍的"一站式"的信息资源

服务。而农业图书馆可深入学科研究，整合本专业领域优质资源，建立学科内专业导航体系，面向科研人员搭建方便易用的知识发现系统或知识服务平台，提供专且精的知识资源服务。

五、依托联盟实现资源共建共享

伴随着互联网的普及和推广，信息资源共建共享进入了一个崭新的阶段，成为图书馆资源建设的必由之路。图书馆资源共建共享是将大量分布在一个地域的众多不同类型或国内众多同类图书馆的信息与资源互联互通，把不同位置上、不同类型的信息（如纸质资源、电子资源等）、不同种类的知识库（专题库、特色库、专业知识库等），按照统一协议和标准存储、处理、整合与关联，集成共享，消除信息孤岛，构建图书馆的虚拟资源池，从而加强和扩大知识资源共享的覆盖面，丰富资源类型。尤其在信息技术的高速发展和推动下，图书馆信息资源共建共享能够有效解决信息资源剧增和单个图书馆购买力不足之间的矛盾，最大限度和最大范围地满足读者的信息需求，实现优势互补和资源共享。鉴于不同地区、不同类型图书馆发展的不均衡性，要实现图书馆资源共建共享就需要建立互惠互利的图书馆联盟，通过信息资源共建共享活动的开展和合作机制的建立，使成员馆在不同程度上通过资源共享获得利益，增强联盟的稳固性。对于农业图书馆来讲，未来信息资源的共建共享要立足我国不同规模、不同区域的同类型专业图书馆，建立"总分馆"制度或者"院所协同"模式，对图书馆的资源建设、用户服务、文献传递、知识服务等业务进行统筹协调，各馆充分发挥优势、突出特色，形成具有一定专业学科特色的服务模式，根据研究人员特点提供满足个性化需求的服务。

第四节 以用户需求为导向提升服务效能

图书馆的本质属性是中介性，其本质职能是传递和利用信息资源，从而满足人类社会的无限信息资源需求。图书馆之所以能够产生并且不断发展，就是因为用户需求的不断推动。用户是图书馆资源的利用者，是图书馆服务的对象，在图书馆的诸多构成要素中，用户是其他一切构成要素的决定因素，决定着图书馆的一切。图书馆要想让用户感到"满意"，就必须树立用户意识、服务意识，围绕用户的需求，充分开发利用图书馆资源，增强良好的用户体验。

在"互联网+"网络环境下，信息资源获取途径日益增多，用户已不再单纯依靠从图书馆获取资源，并且对图书馆提供信息的实时性和准确性提出了更高的要求。谢拉说"服务，这是图书馆的基本宗旨"，可见，图书馆现代化发展的根本以及最终目的即是提供更好的服务。图书馆应着眼新思维、新思想和新理念，以服务为核心谋划和设计图书馆的新未来。在现代科技浪潮中，图书馆要以用户至上为基本服务理念，立足未来审视现在，充分调动互联网思维，将数字化、网络化作为图书馆基本发展策略，把服务做到极致，将服务范围从馆内向远程发展，促进服务模式和服务形式的多样化，真正实现"用户在哪里，服务就在哪里"。

一、依托技术发展，扩展服务广度

互联网等技术的发展改变了图书馆外部和内部的环境，也改变了用户获取信息的方式，图书馆要顺应潮流，化被动为主动，依托新技术突破传统限制，延伸服务范围，拓宽服务广度以提升核心竞争力。在服务空间方面，未来图书馆要跳出实体空间的限制，设置虚拟数字空间，大力拓展线上服务空间，面向不同类型用户搭建专属服务平台，扩大图书馆的使用边界；在服务方式上，要充分发挥网络优势，利用网络的触角建立辐射型的开放服务网络，利用微博微信、视频号、网络群组、群等社会媒体和移动网络工具，做好宣传推广工作和渠道维护工作，极大满足读者对知识、信息资源的需求度，大幅提升图书馆的利用率，发挥图书馆的自身价值；在服务效率上，互联网时代，用户对资源的需求超越了时间和空间的限制，随时随地获取信息资源已经成为当代人对信息的基本诉求，因此图书馆要提升数字化服务，运用数字科技延伸服务范围，建立快速响应和反馈机制，缩短资源的获取和传输时间，扩展符合用户期望的咨询渠道，增强图书馆信息服务的有效性、及时性和用户黏性；在服务格局上，利用人工智能等技术建立便捷、高效的图书馆服务格局，充分发挥技术优势，搭建系统开放、功能自主、服务精准的智慧化服务平台。

二、嵌入科研一线，提升服务高度

图书馆具有丰富的文献资源，而科学研究正需要准确及时的科学文献资料，因此嵌入科研一线，辅助科研开展将成为图书馆服务拓展的重要方向，也是新时代赋予图书馆的新使命。在信息冗余的科研背景下，深度和专业信息的获取和使用已经成为用户的普遍需求，图书馆可以依托海量资源，凭借信息检索优势，协助科研团队筛选并获取优质的科技文献；利用信息分析方法和工具，进行知识组织和加工，对相关领域研究现状、发展趋势进行分析。通过嵌入专业领域科研过程的知识服务，不仅能够提高科研效率，满足科研团队的知识需求，而且能够充分发挥图书馆人的专业化优势，提升图书馆服务的高度，体现新时代图书馆的价值。此外，授之以鱼不如授之以渔，图书馆集成了各个学科领域的中文外信息资源，面对用户信息素养参差不齐等现状，图书馆要主动承担起教育培训职能，面向不同专业领域不同水平的用户提供定制化的信息检索、信息素养提升培训，使之认识并学会利用图书馆资源，将图书馆的资源优势发挥到最大。深度嵌入科研一线，提供学科服务、专业知识服务，以合作者和服务者的双重身份为科研团队提供文献情报支持，将使图书馆站在新的高度提供全新的服务。未来图书馆将改变在用户认知中的刻板印象，以专业的能力和服务告诉用户，图书馆不是简单的资源聚合地，而是蕴含巨大能量发挥巨大价值的知识中心。

第五节　以新型人才队伍为抓手促进可持续发展

2019年是国家图书馆建馆110周年，习近平总书记特地给国家图书馆八位老专家回信，并提出了图书馆事业在中国特色社会主义新时代的新的历史方位，他强调"图书馆是国家文化发展水平的重要标志，是滋养民族心灵、培育文化自信的重要场所"，明确指出了图书馆事业在国家发展特别是文化发展中的突出作用和重要地位，也更加明确了图书馆事业和图书馆工作者在新时代所肩负的重要职责和重大历史使命。随着创新强国、文化强国、学习强国战略深入实施，科学技术发展加速迭代，人民群众精神文化需求不断增长，图书馆事业面临前所未有的机遇与挑战。在新时代新要求下图书馆人肩负着新的使命，作为图书馆事业发展的基础和根本，人才是提升图书馆核心竞争力、服务水平的重要保障。着眼未来，加强图书馆人才队伍建设将是图书馆事业发展的重要内容。

一、传承与发展

"改革开放以来，在中国特色社会主义理论指引下，全国图书馆界锐意进取、开拓创新,已成功走出了一条具有中国特色的图书馆改革发展之路。"这是习总书记对图书馆事业发展的充分肯定和高度认可。作为推动图书馆事业发展的最重要因素以及图书馆事业发展的支柱力量,图书馆员的职业精神与圕(图书馆一词的缩写)人情怀对于图书馆的发展具有重要的促进甚至是决定性的作用。新时代,图书馆人更要始终凝聚图书馆精神,继承老一辈图书馆人的物质和精神财富,忠诚图书馆事业。21世纪以来,信息技术的飞速发展促使图书馆发生了深刻的变化。图书馆自动化、数字化、智能化的发展改变了图书馆的环境、条件以及服务方式,但是图书馆员的服务宗旨始终不变,因此新一代图书馆员要更加注重理论修养、完善知识结构,成为职业且专业的图书馆员。此外,图书馆员也要重拾并重视传统图书馆专业素养,保证图书馆采购、编目、阅读推广等能够重新回到以图书馆馆员为主体话语的专业轨道上。总之,在新的历史时期,图书馆员要接纳新技术、拥抱新技术,但也要保持清醒的头脑,继承和发展图书馆几千年沉淀下来的精神和专业,坚守图书馆的专业技术领地,使之在新时代发扬光大。

二、学习和创新

科学技术的发展推动着图书馆的飞速发展,随着自动化、计算机、大数据、智能化等技术在图书馆的广泛应用,学习掌握新知识和新技能,提高综合素质和能力,从而更好地适应时代发展需要已经成为对当今图书馆员的基本要求。图书馆行业是一个需要终身学习的领域,图书馆员应当树立学习意识,不断充实自己,完善自身知识结构;与时俱进,学习新技术、新方法、新思路,适应时代发展,适应不断变化的岗位需求,从而提升图书馆的整体服务水准。

在互联网发展带来的大变局中,图书馆人要完成使命任务,除了不断学习进步,还要创新驱动,转型发展。吴建中说过,图书馆的能力大小,不在于其规模,而在于其智慧。所谓智慧即能动地发挥馆员的作用,并为用户提供创新服务。新时代,图书馆从传统模式走向新型模式,需要建设一支具有创新思维和能力的图书馆人才队伍。因此,图书馆人要转变固有的思维模式,运用互联网思维创新服务形式,提高服务意识和核心竞争力,在图书馆建设中要发挥主观能动性和创造力,将新技术新方法创新性地应用于图书馆,推动图书馆服务创新发展。

三、专业和职业

"图书馆是一个专业的机构,要有专业的理念、专业的体系、专业的队伍、专业的服务;唯其专业,方是图书馆立足当下,通往未来的道路。"作为图书馆对外服务的窗口,馆员的业务水平、服务意识直接代表图书馆的形象,提升馆员专业水平和职业能力在新时代显得尤为重要。随着经济社会的快速发展,我国图书馆正朝着信息化、数字化、网络化、智能化方向发展,这种发展和变化决定了图书馆对人才数量甚至是种类的需求皆是动态的、变化的,因此在"互联网+"新业态下,兼具专业知识和职业素养的人才队伍建设可以从如下两方面着手:一是吸引专业的高学历人才。随着用户诉求的变化,馆员逐步化被动为主动,以信息专家的角色嵌入用户的科研过程为用户提供专业建议和智力支持。因此,未来图书馆人才队伍建设需要更加注重馆员的专业水平和信息素养,吸引具备图书情报、计算机及其他各学科专业知识的高学历人才进入图书馆队伍,利用扎实的专业知识和技能,参与到图书馆智库及科研服务中。二是增强职业教育培训。知识时代信息日益呈现出多、杂、广等特点,职业素养的提升、优秀馆员队伍的建设是一个长期且连续的过程,教育培训是建立优秀馆员队伍的必要条件,也是关乎图书馆可持续发展的重要措施之一,因此图书馆要加强人才队伍的教育和培训,强化馆员的学习意识和服务意识,增强馆员的专业能力和职业技能。

四、开放与均等

作为社会性机构,图书馆是与社会同步发展的,需要为社会经济、技术、文化、科研和教育的发展服务。图书馆服务的价值追求与"互联网+"业态下所体现的平等、开放的精神不谋而合。新时代,面对图书馆界新议题,图书馆人将开放、均等的价值观和服务理念融入血脉,推进现代科技与图书馆业务的深度融合,建立互联网、新技术及图书馆间共存互补的关系,重新认知并深入挖掘用户的信息需求,并基于用户需求,重新确立馆员与用户关系,构建新型服务体系,重新培育服务能力,冲破传统信息壁垒,保证用户平等快捷地获取信息,从而实现图书馆事业的新发展。

作为历史发展的一种文化产物,几千年来,图书馆一直是人类文明的象征。尤其是中华人民共和国成立以来，我国的图书馆事业发展蒸蒸日上，取得了巨大的进步。改革开放以来，图书馆与社会发展同步，从初期的粗放型发展到如今的高质量发展。进入21世纪，人工智能、物联网、区块链等科技变革，不断影响着社会各行各业的发展，对图书馆而言，新技术、新时代意味着新挑战新机遇。未来图书馆将继续与时代同行，面向公众、面向专业、面向决策，助力国家发展战略实施，完成时代赋予图书馆的新使命。

未来图书馆是智慧的。科学技术是第一生产力，是社会发展的驱动力。未来图书馆将更加注重科技，善用科技，将物联网、云计算、人工智能、智能化设备运用到图书馆中，搭建技术支撑下的智能化、现代化的新型智慧图书馆，从"互联网"思维出发，简化管理流程、整合各方资源、提高服务效率，推动图书馆变革转型。

未来图书馆是灵活的。传统图书馆以阵地服务为主要特征，图书馆工作限制在物理空间中，而未来新型图书馆将在技术的推动下，打破馆舍限制，以用户为中心，开展嵌入式服务，延伸服务时间和空间，增强核心竞争力，将图书馆服务做到极致。

未来图书馆是国际化的。随着中国文化走向世界舞台，图书馆也逐步走出家门，放眼全球，向国际同行学习看齐。未来图书馆不仅在资源建设方面整合全球学术资源，也将在理念和服务上与国际接轨，用国际化的视野谋求更新更快更好的发展。相信在未来，国内图书馆界在加强与国际同仁交流合作的同时，也将有更多专家学者走向国际，发挥巨大作用。

在科技高度发展的新时代，未来的21世纪图书馆有无限的可能性，但无论时代如何变，图书馆的本质不会变，未来图书馆将仍会是人文精神的传承发展之地，是平等自由一视同仁的知识服务阵地，是一代代图书馆人的初心和坚守、使命和担当。

参考文献

白丽荣，2012.信息技术环境下图书馆信息资源共建共享［J］.兰台世界（20）：85-86.

陈峰，2016.论面向高端用户提供情报服务的四个层次［J］.情报杂志，35（10）：13-17.

陈占强，田涯，2019.从"十三五"到"十四五"：柯平教授谈我国图书馆事业发展与战略规划［J］.福建图书馆学刊，2（3）：3-8.

程焕文,2004.百年沧桑世纪华章:20世纪中国图书馆事业回顾与展望［J］.图书馆建设（6）：1-8.

程焕文，潘燕桃，2004.信息资源共享［M］.北京：高等教育出版社.

丁勇，2019.美国国会图书馆《2019—2023战略规划》的启示与思考［J］.图书馆学研究（16）：96-101.

冯国权，2015.互联网思维下图书馆服务变革探讨［J］.图书情报工作，59（2）：16，25-30.

何亚丽，赵庆香，肖鹏，2020-08-05.数据驱动时代的图书馆战略规划及其实施策略［J/OL］.图书馆论坛：1-8.

蒋冬英，2018.开放科学环境下的图书馆资源建设与服务创新［J］.图书与情报（6）：106-109.

柯平，2010.图书馆战略规划研究的时代背景与理论视角［J］.图书馆工作与研究（2）：4-10.

栗琳，2020.情报机构视域下情报、智库与战略决策关系透析［J］.情报资料工作（5）：31-36.

刘桂锋，苏文成，卢章平，2020.加强战略规划 实现转型升级："图书馆战略规划与学科发展国际研讨会"综述［J］.图书情报研究（1）：122-128.

刘金质，梁守德，杨淮生，1994.国际政治大辞典［M］.北京：中国社会科学出版社.

刘文英，郑福根，2020.图书馆未来转型的若干发展方向探讨［J］.图书馆研究与工作（8）：51-56.

牛勇，2016.图书馆精准服务研究［J］.图书馆学研究（5）：50-52.

曲蕴，2019.美国国会图书馆2019—2023年战略规划解读与启示［J］.图书馆（9）：53-59.

饶权，李致忠，陈超，等，2019.滋养民族心灵培育文化自信：感受习近平总书记给国家图书馆老专家回信精神［J］.中国图书馆学报（5）:4-14.

孙坦，2009.国外图书馆战略规划研究［J］.图书馆建设（10）：82.

王宏菊，2002.图书馆的网络信息资源共建共享［J］.图书馆工作与研究（2）：60-62.

肖鹏, 2020-08-08. 余生不忘: "读者留言东莞图书馆"的三种解读 [J/OL]. 图书馆论坛: 1-2. http://kns.cnki.net/kcms/detail/44.1306.G2.20200713.1101.012.html.

肖希明, 2006. 信息资源建设: 概念、内容与体系 [J]. 中国图书馆学报 (5): 5-8.

肖希明, 郑燃, 2011. 新世纪十年信息资源建设回顾与展望 [J]. 高校图书馆工作 (1): 3-10.

胥文彬, 2019. 国外图书馆智库服务现状与启示 [J]. 图书馆工作与研究 (6): 30-35, 54.

杨琳, 2019. 图书馆智库研究现状与展望 [J]. 图书馆工作与研究 (6): 41-47.

袁俊华, 易红, 2006. 我国图书馆文献信息资源建设研究源发展之撮述 [J]. 图书与情报 (2): 73-78.

张惠梅, 2017. 图书馆参与新型智库建设的现状、问题与对策 [J]. 图书馆论坛, 37 (9): 109-115.

张铭, 2019. 大数据时代图书馆服务面临的机遇及应对措施 [J]. 图书馆工作与研究 (S1): 86-89.

周红, 陈娟, 2014. 高校图书馆特色馆藏建设的现状与对策 [J]. 高校图书馆工作, 34 (3): 49-52.

周力虹, 段欣余, 宋雅倩, 2017. 我国高校图书馆科研数据管理服务调查与分析 [J]. 图书情报工作, 61 (20): 77-86.